苦难与信仰

最后的红军长征亲历者口述史

中央广播电视总台大型纪录片《长征》摄制组 编著

闫东 主编

图书在版编目（CIP）数据

苦难与信仰：最后的红军长征亲历者口述史 / 中央广播电视总台大型纪录片《长征》摄制组编著；闫东主编． -- 北京：新世界出版社，2025.4. -- ISBN 978-7-5104-7418-7

Ⅰ．K264.406

中国国家版本馆 CIP 数据核字第 2025MN7858 号

苦难与信仰：最后的红军长征亲历者口述史

作　　者：	中央广播电视总台大型纪录片《长征》摄制组
	闫　东
执行策划：	熊文霞
责任编辑：	范禄荣　张晓翠　刘　颖
装帧设计：	魏芳芳　闫弘烨
责任校对：	宣　慧　张杰楠
责任印制：	王宝根
出版发行：	新世界出版社
网　　址：	http://www.nwp.com.cn
社　　址：	北京西城区百万庄大街 24 号（100037）
发 行 部：	（010）6899 5968（电话）　（010）6899 0635（电话）
总 编 室：	（010）6899 5424（电话）　（010）6832 6679（传真）
版 权 部：	+8610 6899 6306（电话）　nwpcd@sina.com（电邮）
印　　刷：	三河市中晟雅豪印务有限公司
经　　销：	新华书店
开　　本：	710mm × 1000mm 1/16　尺寸：170mm × 240mm
字　　数：	193 千字　　　　　　　印张：14.75
版　　次：	2025 年 4 月第 1 版　2025 年 4 月第 1 次印刷
书　　号：	ISBN 978-7-5104-7418-7
定　　价：	68.00 元

版权所有，侵权必究

凡购本社图书，如有缺页、倒页、脱页等印装错误，可随时退换。

客服电话：（010）6899 8638

写在前面

本书内容脱胎于中央广播电视总台拍摄的大型纪录片《长征》。该片主创团队先后于2016年和2022年采访了五十四位亲历长征的老红军。这些老红军深情回忆了当年如何为理想信念踏上长征之路，并胜利到达陕北，开启中国革命新局面的光辉历程。

本书将采访内容改编为口述史，最大限度地保留了老红军的叙述内容和语言风格，采用第一人称的讲述方式，真实回放红军长征路上那一个个关乎生死的历史瞬间，让读者自然而然地走进老红军战士真实、质朴、感人的内心世界，身临其境地感受那段战火纷飞的峥嵘岁月。

今年是红军长征出发91周年暨遵义会议召开90周年，谨以此书向革命先辈致敬。

编者

2025年4月

目录

第一篇
长征出发前——万水千山只等闲 /001

002/ **秦华礼**　　信念，这是最重要的，不管哪个时代

016/ **马焕洲**　　开拓创新，与时俱进，
　　　　　　　　我相信的就是这个

028/ **王道金**　　晚上的火把都是老百姓支持的，
　　　　　　　　晚上没有火把走路是很困难的

032/ **王承登**　　我的生命真是捡回来的

036/ **刘　福**　　那时候就是要奋战到底，
　　　　　　　　把生命放在前线

040/ **田仁明**　　我那时候是勤务员，跟着干部走，他们
　　　　　　　　骑着牲口，我就拉着马尾巴走，就是那
　　　　　　　　样过了雪山

042/ **刘光芹**　　我们打游击战时……
　　　　　　　　有一次差点把稻子烧着了

第二篇
从瑞金出发到强渡乌江——五岭逶迤腾细浪 /045

046/ **洪明贵**　　走了两万五千里路，
　　　　　　　　没有理想信念是不行的

056/ **阳震**　　　跟党走，
　　　　　　　　要把国家建设得非常好

059/ **罗永祥**　　流血流汗不能掉队

062/ **张生荣**　　我是吹号的啊，总要往前进，往前进

第三篇
从强渡乌江到四渡赤水——乌蒙磅礴走泥丸 /065

066/ **王敬群**　　一直在走路，就走路，很赶，也很苦的，
　　　　　　　　路不好走，大山旁边是河，就一条路，
　　　　　　　　高高低低的，石头尖尖的

074/ **陈有德**　　这个脚疼不疼，疼，钻心地疼。
　　　　　　　　怎么办？靠意志

081/ **杨思禄**　　当兵就要当红军

086/ 李万华　　走一路打一路，就是这样打过来的

第四篇
从四渡赤水到巧渡金沙江——金沙水拍云崖暖 /089

090/ 安仲华　　长征要走很远的路，但是我没有动摇

093/ 刘吉成　　有的草鞋一天就穿烂了……
　　　　　　只能光着脚板走，脚板全是血也得走啊

096/ 苏毅然　　我们有枪，但过草地没有马就困难了，有
　　　　　　了马骑就可以驮个干粮，所以我们就拿枪
　　　　　　换马

098/ 苏智　　　我妈在后面撵，我妈脚小……
　　　　　　她撵不上，回去了，我就这么参加红军的

第五篇
从巧渡金沙江到飞夺泸定桥——大渡桥横铁索寒 /103

104/ 李峰明　　我们现在是半藏民半汉人，藏语会说
　　　　　　一些

110/ 陈云忠　　我们四川人是天不怕、地不怕的

114/ 陈本初　　那时候很冷，每人拿了四两辣椒，吃了辣椒防寒的

第六篇
从飞夺泸定桥到大会师——帐月席茵刀枪枕 /117

118/ 杨光明　　革命就是为了要走光明的道路

130/ 罗光里　　共产党的正确领导，使这些人有信仰，有决心，跟党走，长征路上就过来了

140/ 刘占荣　　听党指挥就是一个好党员

149/ 张斌　　长征路上就是吃苦耐劳，不怕牺牲

157/ 谭德本　　那个时候没有吃的，我们的枪皮带都吃光了，枪就剩光杆了

162/ 周辉　　敌人要前进，我们就顶住

166/ 杜宏鉴　　我们没有子弹，天上飞机炸，地下拼刺刀，那是家常便饭

169/ **吴清昌**　敌人那时候打得很厉害，一个排基本上都死在泸定桥上了

172/ **颜义泉**　一摸脸上一个洞，血流整个身上……同志们才知道，颜义泉同志没有死

174/ **张柱庆**　子弹一人给两发，粮食也没有

176/ **袁美义**　风吹雨淋雷打闪，红军攻克剑门关

第七篇

长征结束后——而今迈步从头越/177

178/ **冯学友**　太阳一照……到了山上的时候就是雪盲

188/ **索心忠**　那个时候是讲阶级友爱的，情愿牺牲自己也要让别人活下去

197/ **赵建贤**　洗脸盆有三大任务——吃饭、洗脚、烧开水

204/ **李文模**　红军的坚韧、吃苦耐劳是一种强大的精神支柱

209/ **郝荣贵**　　我现在就记得一句——我们要抗战到底！

214/ **万曼琳**　　牲口吃的草，人都拔起来吃一吃……
　　　　　　　我看见他们拔什么草，我也拔什么草，就这样吃

218/ **秦师**　　　长征的生活是比较苦的，那时候很多地方没有人，没有人也照常行军，碰到敌人的时候也照常打

附录　永远记住他们的名字/220

第一篇

长征出发前

万水千山只等闲

秦华礼

信念，这是最重要的，不管哪个时代

2016年6月3日于江苏省南京市接受采访
生于1913年，红四方面军军部电台负责人

我叫秦华礼，四川通江人。

1932年吧，有独立营编制了，我是独立营第三连的副连长。我到1933年的7月就入党了，入党一般人要有一两年的，那个叫候补期，不叫预备期，家里成分不好的，就有两年的预备期。我没有候补期，因为我出身很好，按成分来说叫赤贫，什么都没有的。打仗、打土匪也很勇敢。

独立营带领我们到空山坝，现在我回老家我还专门去看了那个地方，在大山里面，山里一月份是最冷的时候，那个雪啊，一脚踩下去就到膝盖这么深。也没有靴子，那时候穷得要命，根本没有大米。山上呢，有时候也很好，到了山上就改善生活了。山上土匪是什么人呢，是国民党的军队把他们打散了，他们跑到山上去了，有个地主跑到山上去了，就是土匪头。他们的装备比我们红军好，有机关枪还有迫击炮，但是我们连都没有机关枪。没有地方住，下大雪也在野外，但能改善生活也好，打了胜仗就有大米，还有腊猪肉，还有酒，那时候就是改善生活了。所以有的时候生活很好，但是几天什么也吃不上、水也没有的情况也有。大概三个多月的时间吧，独立营就归成正规军。

我们这个独立营呢，就是动员要到正规军去，到正规军都很高兴啊，有枪，有武器。当时我们独立营就整个归到了红四方面军三十一军。到了三十一军以后，人事部统一分配，都分散了，当时独立营这一个连的都分了好几个单位，分了好几个团，好几个连，我就分到九十三师二七九团二营四连。当时我一去就当了排长，三排的排长，一是勇敢，家里出身好，二来还是个党员，最大的特点就是我识字，我们四方面军的知识分子很少。

我当了排长以后去扩大红军。到农村里面召集老百姓开个会，说红军是我们穷人的队伍，我们是为老百姓服务的，给你们分田地，愿意参加红军的就到这里来报名。我印象很深的就是第一次我带了三个战士到那个地方，那个时候是每个村子都有一个小庙，有一次一下子十五个人报名。所以我这个排长很吃香，其他的都不管，打仗这些我管，其他日常生活训练有副排长管。同时呢，我还兼任连里面的文书，叫文书，不叫秘书，到地方往上给营部写个报告，报告我这个连有多少人，有几个病号，有多少枪，多少子弹，多少手榴弹，发现什么问题没有，写好了以后给连长、指导员读一读。我的兼职很多，由于我兼职宣传，经常到那个参军处啊、政治部啊开会，搞宣传工作，对上面呢，再做一些报告，所以我提拔得很快。不到一年我负伤了，不能在部队了，我就成为代指导员，就是正连级干部了。

然后过了两三个月以后，那是1934年二三月份吧，三十一军要开一个党代表大会，训练连排干部，培训三个月。把排长送去培训，你学得好了，表现好了，以后可以提拔你做连长、做副营长这些。那个时候开党代会，就是去学习了，学完了以后就要军部统一分配了，人家也不回原来单位了。干部都去啊，原来我对那里蛮熟悉的，因为经常搞宣传工作开会，后来我去学习，有的时候也参与党代会，参加完党代会以后，回了师部，我就没有回连队了，就这样在九十三师政治部做巡视员。巡视员就是等于好像提了一级了，因为巡视员可以负责几个团，一共十三个团，就是可以走下去，但是这个巡视的任务很重。连队如果有开小差的，巡视员要负责，平时发生什么问题，巡视员要负责，打仗伤员没有抢救回来，也是巡视员的问题，所以责任很重大。师政治部就是做这个工作，责任重大。

然后就到1935年了。四方面军就快开始长征，到了四川，汶川大地震那个地方，叫北川县，北川县后面有座山很大，我在二七四团，那个山上很苦，根本没有老百姓，就是另一个世界。这段时间，完全吃竹笋，竹笋没有油啊，偶尔吃还蛮不错，但是吃上几天烧心，只好喝清水，难受极了。没有别的吃啊，就是吃野菜，也没有房子住，就直接把小竹林的竹子砍倒了，用竹子打一个地铺，挡个风，实际上根本挡不住风。我当时身上负伤了，不能走路，一走就疼得慌，所以没有办法，连马也不能骑。

后来就要正式出发了，上面就动员，要求伤员、病员，不能走的，就留下，减少压力，但谁都不想留下来，就自己想办法，怎么办呢，找劳力，四川人力气很大，两个人能够抬着你，我们找两个劳力，就讲好了，让他们入党，他们非常高兴，到了地方就是可以成为党员。但是我不能翻身，一翻身腿就简直受不了，受伤的地方就现在还伤疤很大。慢慢有一天就是借助一种康复训练工具，就是桥上的铁链，很长，有五六千米长吧，很好的，木板子两边还有扶手，很牢固，练那个腿脚呢。

因为国民党走的时候把桥上的木板全都烧掉了，下边就是链子，我们部队临时把树砍了，把这些树搭在桥上过江。有人说你作为一个伤病员就没有办法了，你怎么做啊，路不行你就可能掉到江里面去了。有一天，正值要轰炸那个桥。我说我命大，要是桥被炸掉就完了，你掉下去根本活不成的。抬我的这个老百姓他不懂的，他把我放下就跑回去了。那时候国民党的那个飞机毕竟也落后，一到下午四点钟左右，就不能再飞了，就要返航了，飞走了。所以那个老百姓还是很善良的，他又返回来找我，他看我躺那儿不能动，就又抬着我继续走。

到地方上老百姓就觉得咸盐是消毒的，把衣服撕个布条搁上咸盐，水烧开了，蘸到咸盐水里面，把伤口洗一洗。最后二十多天吧，伤口有血冒出来，每天就洗洗。大概是差不多有一个月吧，因为没有伤到骨头，肉就长出来了。伤到我的是一个炮弹皮，比这个大指头还大，肉长出去就把它往外顶出来了。顶出来那疼得厉害。但你没有办法，开刀也不能开。那个时候也不讲卫生，也没办法弄。我还是找老百姓要剪刀，消毒，那时候把剪刀烧红了，就弄，后来这个炮弹皮就冒出来了，然后我就把它慢慢地拔出来，一拔出来那疼得简直受不了，血流得整条腿上都是。把蓝布条洗洗，就把伤口包起来了。子弹皮取出来以后我恢复得很快，大概十多天就全部好了。后来出院了，然后到政治部统一分配了，不能回原单位了。到军队之后，一分配，一看，了解我的个人情况，最后我就留在三十一军军政治部组织部做干事，做这个工作，不在部队里面打仗了。

很快一、四方面军就会合了。那时候通信太困难了，一个军没一部电台，四方面军总部也只有两部电台，总司令部都没有电台，最后就是把两个方面军分散的通信员又收回来，恢复通信学校。我们原来有一部分人学过一段时间，然后另外又新增加四十多个人吧，然后他们就推荐我去了。三十一军很严格，经过师政治部审查、军政治部审查、保卫部审查，然后到总参谋部，最后审查通过了就邀请你去学习，不识字也可以，但政治上一定要完全可靠，我这个党员是可靠的了，没有问题。我就去学校了。那所学校校长叫刘光谱（音），他原来在南京是个教授，他也不是共产党员。他过来时，我们办学校才一个月，那都没有工资的，一个月花一百块钱的现洋来高价请他来。他只上课，其他什么也不管。我自己要学习，还要管这四十多个人，三个班，他们的学习，他们的生活，什么吃喝拉撒我都管。

这是1935年，长征途中，还没有打仗呢，我们都没有一杆枪的，晚上都是站岗放哨。这段时间我们就是在四川的西部，快到夹金山了。具体时间说不准，大概是八九月了，苞谷熟了。我们第二次到四川的西部，我就到通信学校了，规定学一年的时间。六月份，我大概是六月十五六日毕业的，我记不准了，在草地里毕业的。

这个学校困难啊，什么都是自己搞，没有办法。我们共产党员，一定要有坚定的理想信念，在最困难的时候，你的脑子最聪明。所以我们那时没一本文字的教材，就这么一个一百五十伏的电压表，还有四十多个人，教具怎么够啊？铅笔也没有，我们都不懂得铅笔是什么，后来就是有先头部队打仗缴获敌人的，把铅笔送回学校，红军大学、中央党校、通信学校，就这三个学校。纸也没有，后来就是缴获敌人的一些文件，双面的，翻过来用。还有一些人学外语，也啥文具都没有，啥也没有听说过，就是学。一住校我们校长就来了，他专门讲他的经验，讲机器的装、修，他讲这个很灵的。我们一毕业出去以后，就做团长了。当时就是讲实用的，用没有文字的东西，有文字的东西我们也不会用，也不会记录，也没有意义。后来怎么办，把竹子还有树枝在地上磨得光光的，写文件，练发报，行军走路也写，你也没有别的办法啊，你要背熟了，要学会，会写字。晚上到地方了，就要考查你，就是这样学好的，都是这样弄的。行军路上在后面背一个小木板学识字。

1936年的六月中旬，十六七日，在草地那个地方毕业了。要通过考试，有标准的。手工发报一分钟发一百五十个字母，就是滴答滴答发到一百五十，对方发报验收，学外语的也是这样子的。这个就是够标准了，可以毕业了。正式毕业以后，我就分到第四军当台长。台长吧因为是技术人员，就受照顾。白天行军，通宵不能休息，通宵工作。晚上还要去值班，所以靠白天行军，骑在马背上打瞌睡。像我这个骑马打瞌睡，从来没有摔过跤。一个饲养员，还有一个勤务员，专门照顾我的生活。勤务员干什么呢？就是洗脸盆子啊，洗脸毛巾啊，他都带上，然后给你烧洗脚水，弄吃的，每人弄一个洗脸盆，就这一个工具，烧开水、洗脚、做饭，都是它。

雪山一共是十八座，其中十五座是终年积雪的，一年四季都是雪。比如说夹金山吧，四五千米高，原来都不知道，后来解放以后啊，记者采访才采访出来的。到了半山上不能说话，也不能坐下，就是翻过山，那么高那么冷，死的人的确是不少。转移装备后军队负重爬雪山更受不了，在半山上根本走不动。我们就是慢慢走，也不敢坐下来，一坐下来就起不来了。但是呢，我们就是还觉得蛮高兴的，一到那个山顶上啊，往下一看，跟现在的日光灯一样，很亮，雪山白白的，就觉得好高兴，但是也不敢坐下来，就一直走。

我们都有点雪盲症，一到晚上啊，一看灯光，就是绿颜色，绿的一线，黄的一线，就是有这个毛病，眼睛失灵了，很严重的。我们走了一天一夜，一直没有停。第一次晚上行军，走不动了，前面的人不走了站到那儿了，我们就提意见说不行，你站在那个地方一会儿瞌睡了，一倒，好多人就倒在地下瞌睡了。我问怎么不走了，就传过来消息说前面有一个温泉，好多人就在那儿洗澡。后来大家提意见反映，说你前面不走，后面等着你不走不冻死了吗，所以就继续前进，不准洗澡、洗脚。雪山上呢，死的人不少，很多身体弱的，没有办法救，抬也没有办法抬，在山上，抬不动。

两边都是悬崖，一步不对，滑下去什么都抓不到了。我那个教员是江西人，高中毕业的，是南昌子弟，没有到过农村，第一次到雪山，从山地上往下走，他不敢走了。我们也抱过他，山上必须走啊，我们把绑带解下来，就是这样乐观地拖着走，就跟小孩幼儿园滑滑梯一样的，然后后面两个人拽着他，前面两个人拽着他，慢慢滑下来。

山上刮风下雪、下冰雹。冰雹特别大，最大的像鸽子蛋那么大。我们第一次不知道，也没有人告诉我，走着走着冰雹就砸下来了，很多的人头皮都砸破了，那个厉害。那个冰雹呢，还不像别的地方化得很快，到地下，大概半个小时以后才能慢慢化呢，好厚一层，那个厉害。

过草地，第一大困难是自然条件很差。草地气候变化无常，有时把衣服脱了，光膀子，两三日以后，下雨了，挺冷的。有时雨啊，冰雹啊，说来就来，你没有办法防，最讨厌。但是在纯草地，一天到晚脚都是水淹着的。晚上要休息要瞌睡，就靠山边上一个坡度，没有积水。每个人背上一条棉被，还要背干粮，还有一箱手榴弹。晚上不管下多大的雨，就在这个地方休息，背靠背，这样靠着，或者是床单拿过来，被子捂在身上，再拿过来垫在头上睡觉。还有一个最大的困难是交通工具，什么都没有，全靠两只脚。

当时穿的是草鞋，原来在汉人地区，我们自己编的草鞋。我也会编的，现在我也还会编，现在我还是喜欢穿草鞋，但没有了。过去每年夏天我都是穿草鞋的，自己编。准备进草地时，规定了一个人带几斤干粮，带多少双草鞋，那个编起来快，一个钟头编好几双。一个人带四五双草鞋，带上干粮，到草地后就没有这种草了，草地的草不能编，就只好打赤脚，很多人打赤脚。进了草地以后就得用牦牛皮，老百姓不用牦牛皮的，干牛皮只是挂在这个墙上，一般的牛皮像垫子是吧，几个人踹在上面都划个印子出来，上面划几块拉出来，就是草鞋。我们编了一个顺口溜，"草鞋没娘，越穿越长"。牛皮在水里面走，软了，软了就变长了，穿了以后，那个皮子就变得很长，所以干脆脱掉不要，打赤脚。"草鞋没娘，越穿越长"，就是这样出来的。

开始进入草地，每个人带五天的干粮，实际上没有啊，老百姓没有粮食啊，把我们愁得。四川西部，生姜很多，辣椒也很多，也不要钱，就是准备用来降风寒。干粮就是把它炒熟了，然后背上，但一会儿就吃光了，所以我们过草地御寒是很重要的。我想起来南方的竹子，就是这个竹子，到处都是，这么高，把老百姓那个生姜、辣椒，都用刀子切开，一块一块地装在这个竹筒里面，那个时间很紧张。一个人能带多少带多少，也背啊，就是用绳子绑起来挂到脖子上，每个人都有。

上下山，那个东西还不准你随便吃，你吃完了以后怎么办。所以我就规定了，要听到吹哨了然后再吃，很起作用。辣椒是辣的，生姜也是辣的，也没有盐，那个干粮就更少了。从夹金山下来以后，我们第一次吃小米，吃下去不消化。粮食吃够了，就吃野菜，全吃野菜，凡是你认识的野菜，那个时候就是灰灰菜啊，红花苗啊，那多了去了，我们那些小孩原来都吃。到第三次爬雪山最困难了，因为往返十几万人，能吃的野菜都吃完了。当时，所有的东西都是牛皮的，腰带、裤带、枪带都是牛皮，我以前装文件的皮包也是牛皮的。后来没有办法了，就是牛皮也吃。晚上在住的地方，把它们弄成一块一块的放到洗脸盆里，然后放上水慢慢熬，边烧边弄，喝那个汤，但是也没办法完全吞下去，咽下去也很困难，要切得很细，一开始切粗了，不行，但是牛皮也不很多啊，一个人身上也没有多少。有很多人都没有裤带的，有的人是拿布条当裤带。

我们还吃野草，有的有毒，吃了就中毒了，毒性很大，开始不知道，我们第一次走草地时中毒的很多，又吐又泻，当时就毒死了人。要先把青草用刀子弄下来，放在嘴里嚼一嚼，如果觉得很麻，就说明毒性大，就不能吃。如果一嚼觉得不很麻，就可能能吃。然后怎么办呢？晚上你把它切好了，弄开水煮两遍，煮了以后再倒了，最后用凉水泡起来，就等于消毒了。到天明的时候，再用水烧开了吃，但是这种能吃的东西也不多。

草地的鱼很多，但第一，这个不好吃。第一次到那个地方，我们高兴得不得了。但没有盐，没有油，那个腥味，难吃极了。第二呢，不准吃的。有的人也觉得奇怪。那个鱼特别多，都在腿上碰过去碰过来，不能吃。

还有一大困难，就是交通工具。交通工具那时候什么也没有，伤病员就是用担架抬，抬着抬着抬不动，两个人一不注意就陷进草地出不来了。基本上从草根就烂下去了，下面是烂泥，人会往下陷。那时候不知道，后来我才知道那是惯性，因为人掉到水里面，常常是把救他的人也带下去了，所以说草地晚上不能行军的。

下午最早四点多钟就停下来了，看不清楚了。草地很大，草的根有浮力。像八月的青草地，面积也这么大，从上面踹下去有浮力，不一定会陷下去，要是一不注意踹空了，就陷下去了。所以有人陷下去开始你不知道，你去救他，把他往上拽，你一拽他蹬脚想往上，结果越发往下沉，往往是把这个救他的人也拽下去了。这样的例子很多，特别是身体不好的伤员，他本来身体就不好，走路就困难。有的四五天、五六天吃不上东西。过草地打仗基本上很少，蒋介石派主力部队跟我们打，都没有那个力气，拿什么打？他一个师，我们一个团，把这一个师消灭了，那师长当时就跳河了。

还有就是这个宣传队文工团的，文工团的都是基层，基本上都是基层，还很年轻，都是十五六岁的小姑娘。后来她们都在部队上了。宣传队才任务大呢。杨尚昆的夫人是文工团的团长，她是留苏的，也是四川的老乡，是知识分子，是团长。她出发比部队正式要提前一个小时，我们的部队八点钟出发，她七点钟就要出发到这个文工团，走路的同时要宣传，等于是制作一些标语、一些口号，还有一些装饰，把标语刻好。比如说到夹金山，你坐在山坡上，不能动，这个宣传队先去，就是瞧着这些，所以她们很辛苦。文工团就是唱歌，还有跳舞，最熟悉的就是《八月桂花遍地开》。我就会唱前面两句，"八月桂花遍地开，鲜红的旗帜竖啊竖起来"，后面的词我就想不起来了。在宣传队待遇比较高，后来这些人有不少都成为高级将领，特别是在后勤机关啊，供给部啊。医院里女同志很辛苦，要抬伤员、病员，还抬担架，到地方还给他们洗衣服，还擦身子，这都是她们的任务，她们的任务就是很重的。

长征路上我打仗打得很少了。我在电台的时候，接触的军队首长也比较多。电台因为少，流动性比较大。毕竟是一个军一个电台，哪里打仗呢，哪里需要电台。打完了以后又回到军部来。陈赓、彭德怀都见过。最早见到彭德怀那是大会师的时候。他是一方面军三军团的军团长，他和毛主席先到陕北，后来我们帮二、四方面军，他是前方部队的总司令，这会儿专门把电台连接起来。就是见面，也没有说话。我对陈赓比较熟悉。陈赓，我跟着他在一块儿七年，只是那是抗战时期了。

长征路上也打球。其实只有一个篮球，没有别的，乒乓球没有，篮球就是破了搞一块牛皮补一补。朱老总也喜欢打篮球，开运动会他喜欢看，实际上跑百米啊，跳墙啊，这些都是我们自己搞的，都是大区里面搞的。朱老总他官比较高，说四川话，他非常亲切。

刘伯承是后来抗战开始的时候见到的。小时候很随便嘛，不受军纪什么约束，但是他也不关人禁闭，也不拿首长架子，他就是很随和，这个人很好。长征路上也好，过草地也好，干部或者是战士之间的关系啊，让人觉得格外亲切。

长征路上，咱们保护电台的没有牺牲的，保护得很好。但是草地上行军也有次序。我们就是往前冲，冲到师部机关上去，保护好电台。

每一个单位专门行军的时候啊，有个叫收容队。我们那时候电台有个电瓶，要两个人抬，充电的。我们有时走不动了，爬山时，我们就帮着抬，叫他们休息。当时干部战士的关系，非常地密切。有的人要离开这个队伍时，他舍不得走，非常地亲切。

老一辈都是住窑洞，大部分都是，正好有个好处，因为如果目标太大，敌人肯定首先要破坏你的通信工具。打个比方吧，下面都是窑洞，电台在底下就比较安全，上面水平线拉下来以后呢，一般看不清楚，隐蔽性的，专门有哨兵来看着，有的时候查找信号，敌人轰炸停一下，你发一个信号出去，那个很简单。一知道我有事，就等着，不然就会耽误事。比较麻烦的是飞机比较多的时候。北方也好，陕西都是窑洞，比较方便。有的时候没有办法，就在树林子里面隐蔽起来。有人专门放哨站岗，所以一般这个电台人员牺牲的比较少，他不参加战斗。一般是这样保护。

部队对电台很珍惜，那是要报告的，如果哪个军哪个师有个电台出了问题，都不行的。因为电台工作人员那个时候特别缺少，某一个零件坏了就不能工作了。

想想这一路走来，我都很乐观。我是1932年在老家四川参加工农红军第四方面军，当时在独立团独立营当副连长，后来在正规军九十三师二七九团二营四连当排长。实际扛枪要打仗的，天天要打仗，那时可是白天晚上都要打，我亲自指挥。以后当指导员，后来是师政治部巡视员，后来负伤到了军政治部、组织部做干事，从那时候以后，组织就把我选派到长征路上的一个通信学校学习。毕业分配到第四军军部做电台台长。一直到1937年改编八路军，就到了一二九师。到1941年就调到陈赓的司令部，陈赓那个时候是太原中队司令，我到他那个部队做电台中队长，从职务上来说升了一级。到后来大概1942年，就提升为司令部通信科的科长，兼电台的中队长。我晚上还是值班的，值夜班，那时候科长管的都是正团级干部。到1947年，我奉命调到晋冀鲁豫大军区，刘伯承是司令员。在那做通信学校的政治委员，那为什么做政治委员呢？因为我是从在通信学校毕业的，又懂业务。还有1948年3月，晋察冀和晋冀鲁豫两个地区的通信学校，还有搞情报工作的合并在一块，成立了一个叫华北电讯专科学校，在石家庄。这个学校算是正师级，我是第二大队的大队长兼政治委员兼书记。学校里一共有三个队，校长、政治委员是总部革命军事委员会、总参谋部通信局的局长王诤同志，他负责监督。1949年，我们这个学校又和晋察冀根据地一个情报学校合并了，成了一个叫中央军委工程学校，对内叫干部学校。这个学校不只有通信职能，军委作战部部长直接领导这个学校，学校是军级的编制。我们这位校长后来成了中将，他是老红军，原来是在军委的一个侦察局工作，我们开玩笑，说这是特务工作。

经过长征锻炼以后，我收获最大就是坚定共产党的正确领导，一个远大的理想就要实现马克思主义理想信念，这是很坚定的，我自己经过那么多坎坷、那么多危险都坚持下来，因为什么，因为信念，这是最重要的，不管在哪个时代。尽管"左"倾路线让我自己受了很多委屈、坎坷，但是我到今天，仍然坚定着信念，对党从来没有半句埋怨，我一直到现在还是认为中国共产党始终是伟大的、光荣的、正确的党，这个信念很牢固。

经过长征的锻炼，我的身体上也很受益。我喜欢运动，一直到现在我也没有什么大毛病。很多同志经历了过草地之后身体很虚弱，但是我一直很乐观，过草地那么艰苦、那么困难，我从来没有愁眉苦脸过。革命的乐观主义我称不上，但是我很乐观，乐观从哪来的呢，一个是信念问题，毛主席曾经讲过，困难是暂时的，最后胜利是属于我们的，我始终这样认为。每次遇到困难，遇到危险，我都是认为这是暂时的，我能够克服、能够战胜它，我觉得这对我来说是最大的收获。

现在，我组织了个老年艺术团。我坚持办合唱团唱了快三十年了，从1983年开始的，我一方面搞体育活动，然后就是搞这个合唱。我现在的奖状、奖杯，比工作的时候还多呢，唱歌每年都得奖状。

我自己作了一首诗《过草地》：

茫茫无际大草原，

水毒泥污渺人烟。

战友跋涉陷沼泽，

长眠大地铸丰碑。

缺盐断粮大半载，

野菜牛皮当美餐。

千难万险何所惧，

官兵齐心勇向前。

黑夜总有黎明时，
严冬过后是春天。
三大主力大会师，
迎接抗战新局面。

马焕洲

开拓创新，与时俱进，
我相信的就是这个

2016年7月2日于广西壮族自治区南宁市接受采访
生于1918年，红四方面军红三十二军铁武队指导员

我是马焕洲，1933年3月17日参军。那个时候说是参加红军，实际上就是在地方工作。我在地方工作的时候去了南江县，就是东南西北的南，南江县。我到南江县的时候，才十五岁左右吧，好像还不到。

那个时候我去参军是因为父亲。我父亲叫马超真，他先参军一年。开始的时候，我们乡政府成立政权时就选举他去当查田，就是给人家测量有多少谷子，有多少田，多少土地，多少人。这个时候他就当土地委员，过了大概有两三个月，乡里就把他选到区里，然后区里要选代表到县里，又把他选到县里，就是县苏维埃政府。他去了政府当秘书，那个时候有文化的人好像比较少一些。县里成立了一个保卫局，就类似现在的公安局，就把他调到保卫局当秘书了。

他当秘书，1932年或是1933年，他先去了半年多时间，然后回到家里，跟我母亲说，家里男男女女有五个孩子，跟我走一个，家里还有四个。我妈想了一会儿，看了一看，她说那也好啊，叫二娃子跟着去吧，老大不能去。我就是二娃子，就叫我去了。我去了就跟着我父亲在保卫局。保卫局局长姓熊，熊猫的熊。局长不在家，家里头的食物就是我父亲负责了。过了三四天，熊局长回来了，我父亲就叫我去见见局长。局长好像是安徽人，他就问我你来干什么。我那个时候是小孩啊，也不大懂事，说话有点拘束。我说我来当红军，他说你当红军怕不怕死啊，我说不怕，然后就跪下来给他磕头，他说起来起来，就把我拉起来。那个时候也不会说别的，就说当兵就不怕死，怕死就不当兵。后来他把我编到保卫连，保卫连有两个排是成年人，一个排是少年先锋队，我就编在少年先锋排当战士了，就是这样一个情况。

我在那当了战士以后工作是看犯人，监狱里面关着七八十个犯人。那所房子比较大，靠着山边那个角上犯人也有想逃跑的时候，为了逃跑就敲那个墙，那是石头砌的墙，不是砖，石头砌的，也没用水泥，一般都是用石灰和土砌，用棍子一敲就掉下来了。犯人就拿一些棍子藏在身上，时间长一点了，他们就知道从这个地方掏个洞就能出去了。外边就是丘陵地区，丘陵地区容易跑，也不是太陡，一般跑起来比较快一些，有一次大概跑出去十来个人。当时还不到6点钟，6点钟就大天明了，到7点来钟天气也还不太热。我想想那个时候到几月份了，还没有插秧，正好是把谷子秧苗插下去，还不能收成的时候。

正好我在放哨，在里面看到外边有人在跑，我就喊"犯人跑了，犯人跑了"，只是在那边喊，但是没有枪，就把马刀背在身上。我从里面转到外面，把那个口堵住，犯人就不敢出来了，你要出来我就杀你。他们就认为我虽然参加革命时间不长，但还算勇敢。我就还待在队里，他们叫我入团，入青年团。我说，共产主义的青年团，我愿意。指导员和我们排长两个人就介绍我入了团，从那以后我就是团员了。

5月间入了团，8月就入党。一般团员年龄是到十六岁到二十三岁，我就算一个青年党员。

那个地方很偏僻，结果敌人来了，我们就退到一个山上，在那里守警戒。守警戒的时候，我各方面表现还可以，比较勇敢，身上也背着枪。县委书记、县主席、乡书记、乡长这些人也跟着往后面撤，在县里头就组织了一支袭击队，敌人来就袭击，不叫游击队。

我们在山上修了工事，看着敌人，敌人也看着我们。但是他们离我们十来里路，我们在山顶，他们在山下，他们也不敢进攻我们，来了两次，我们把他们打下去了，他们也不敢上山。

过了大概四个月的时间，稻子基本上就黄了，能收割了，我们发起了反攻。之后我们要回到原来的县里面，回到县里的路上就宣告，原来是哪个单位的干部，原职位是什么，乡长、乡里的书记或者区长是谁，各自回到各自的单位上去。

大家都回去到县里，回到了各自的岗位上去了。那个时候南江县有九个区。

回去后我就不当通信员了，而在少年先锋团当指挥长，指挥战士的指挥长。我自己成为指挥员后也有一个少年指挥部，但是两个单位分不开。旗帜上不是五星，是镰刀、斧头。一个单位只有一面红旗，这样我们两个单位指挥部在这里，少年指挥部有一面旗，所以说住的时候都是住在一起，这样又住了两年时间。

两年以后就要长征了，也就是1934年的夏天，我们就往西走了，经过通江、南江、达县、巴中这些地方，大概有十来个县城。

张国焘那时候杀人杀得太多了。四川军阀那边有二十多个军阀派人跟他联系，人家来多少人，他就把人家都杀掉了，不跟人家联系。敌人进攻就是把他围起来，结果他那个时候力量只有四个军——三军、九军、十军、三十一军。这四个军，总指挥就是徐向前，副总指挥是陈昌浩。张国焘那个时候一手遮天，全面指挥。他这样子终于站不住脚了，只好往西走，往西走的路上，敌人就是国民党了。当时四川的军阀太多了，指挥就是蒋介石了。敌人前面堵，加上后面追，两面夹击，总之目的就是要把你斩尽杀绝。收谷子那个时候，一直到7月、8月，我们就一直往西走，中途就遇到嘉陵江过不去。

四川有三条江，一条是长江，一条是金沙江，再下来就是嘉陵江。渡江很费劲，敌人都堵住不让过了。我们部队也好，地方人员也好，都是一个目标，朝那个方向走。部队也出力，动员老百姓帮忙渡嘉陵江。江面不太宽，但是没有船啊，也过不去。敌人在山上，一点点地建工事。结果我们的部队很勇敢，在浮桥上就把山上的敌人一部分一部分地赶走。我们也有很多同事在那里负伤，敌人也死了不少。我们就攻下来了，攻完以后就过去了，我们大概是混着扫过去的，解放了四五个县城平着这么推过去，就沿着北川县这个方向。我们的部队是，你这个部队在左边，他的在右面，他的在中间，阶梯式地往前推。

来到陕西，在秦岭山脚往西插。我在北川县还是原来的职务，工作就在县里头，统一地方上的人民。那时候老百姓非常善良，穷人也很多，我们就在北川县城扩军，扩的那些年轻人有十五六岁的，最大的有二十岁。我们接到政权的时候没收了地主的财产，这样子就救了穷人，穷人也赞同我们的主张。我们告诉他们说我们要成立政府了，然后我们就在那里扩军，我们把部队扩了两次，第一次三十多人，第二次七十多人。

部队要求送新兵来的同志先不要走,等到他们基本上熟悉了,互相认识了,你们再走,所以那个时候跟群众的关系确实是非常之好的,非常密切。在北川县也就半年时间吧,就算路过,政权也有组织起来的。我们一走敌人又来了,反正是我们走,敌人又跟着来了,我们从北川县就往西走了。往西,靠西北的方向,走的路线都是在成都以北的山里,不敢走盆地,因为那个时候敌人比我们多得多,所以我们尽量靠着山边走,因为山边它高啊,敌人来了我们就占据有利的地形,好对付他们。我们就一直走啊,走啊,走啊,也打了一些胜仗,张国焘的部队也打了一些胜仗。我们从成都以北一直就穿到成都西南,跟一方面军会合了。一方面军大家都懂得了,毛主席、周恩来、朱德、彭德怀,中央这些人就来了,就在天全、芦山这些县里会合了。

会合以后呢还要往北走,要北上抗日了,从天全、芦山还有一个什么县就进入草地了。翻夹金山大家都知道,夹金山那是很高的一座雪山,从夹金山下去就是懋功县。

在夹金山的时候,我不在四方面军,是到了一方面军的三十二军。大部分部队是张国焘的部队,一方面军当时还没有变成左右两个纵队,这边是八个军,一方面是四个军。

到喇嘛寺的时候,毛主席就跟张国焘会合了。以前在江西都叫毛委员,从遵义会议后,就是毛主席了。遵义会议之后,我们这些知识青年大家都拍手叫好,就高呼共产党好。开完会以后就编队,又编成左路军或者是右路军。

毛主席带右路军,张国焘带左路军,结果张国焘就自大,就看不起一方面军。一方面军的总参谋长叶剑英知道张国焘的阴谋,就告诉毛主席,说我们赶快走,不然的话张国焘看不起一方面军,会把一方面军赶尽杀绝。毛主席说我们先走吧,先走以后就争取一方面军和二方面军的那些人,你是四方面军的，你们愿意回去的话就回去，愿意跟我们走的就一起走。有一部分人靠向张国焘，又回到张国焘部队，一部分认为中央领导的思想正确，就跟着一方面军走了。毛主席带着两个军和中央直属部队就先走了。张国焘没有赶上毛主席，他就在毛儿盖那个地方，毛主席就指挥——那时候都用电台指挥，催他北上，他一直不北上，他有野心，他要第二次南下回到四川去。回到四川去了他的口号就是"夺下一寨一城，解放全中国"。

在张国焘指挥之下的部队就变六个军了，结果第二次他要去攻成都，没有攻下来。这个时候我们在雅安、天全、芦山这一带。我们经过走过的路上，老百姓对我们印象都很好，对一方面军的印象非常之好，结果到天全、芦山一带我们就再扩军，扩大了部队补充到正规军里面来。

那个时候我还是个小孩子，还不算太大，这里面还有一段插曲，这段插曲在哪里呢？我们从北川那样打过去以后，就到了文县、礼县这两个县。那一段时间，要发动群众啊，组织群众啊。在文县、礼县一带，红军宣传政权，要组织政权。我们在那个地方就考察了有一百多人，一百多人呢，叫我当游击队大队长。那时我有十七八岁了吧，当游击队的大队长，就翻雪山了。第一次翻雪山，那个地方叫喇嘛寺。那座庙就在西面的大山上，敌人又来了大概有两千人，就守在那个庙里面。那个地方非常陡峭，只有一条路能过去，周围都是石壁。我们部队进攻，伤了很多同志。那个时候没有炮，只有轻机枪，重机枪都没有。就用火攻，就在山周围用烧山的方法火攻。我们一边火攻，一边进那个喇嘛寺。敌人跑了一部分，被消灭了一部分。我们发现敌人把收来的款项都埋在喇嘛寺的地下，就在文县、礼县号召群众，说你们的血汗钱都被敌人埋在地下了。群众就一致起来，我们就把这些钱发给了那两个县的群众。

我这游击队有一百五十多个人，翻过雪山，就又驻军了，驻军的时候三十二军来接收我们的部队。我就把这支部队带到三十二军，编到了里头。这支部队里面有两种人比较特殊，第一种是翻译，懂汉语，这些人眼界要大一点，我们特别优待他们，给他们马骑。因为没有翻译在路上就语言不通了，跟少数民族交流就不清楚。第二种是军队卫生部的护士，里面有少数女同志，男孩子多一点。除了这三种，剩下的有八十多个人。

我觉得自己从地方初到部队里，什么也不懂，就申请去大队学习一下。主任同意了，我就去学习了一年半的时间，结业后就回到政治部来当指导员。机关组织非常庞大，除了主任，下面还有青年宣传团，还有宣传队，还有一个民政部、一个保卫局、一个俱乐部。我们这个城的民政部的同志，已经跟侦察连在一块儿。前面的有人求饭，有人求粮，我们后面部队跟着，就是这样，不打仗的。在这种情况下，我们这种部队存在的时间就比较长。

那个时候，我们住到喇嘛寺里面。军政治部下面的那些组织，就住在周围。在那个村庄里面，要出去筹粮食，但语言不通，老百姓怕我们去抢他们的粮食。他们住的房子都是用石头建起来的。我们去的时候，他们就把粮食装在牦牛皮做的口袋里，一口袋装百八十斤，埋在牛圈里面，然后我们就去找。找了以后，我们就给他们写条子，条子写好了以后，就把钱用口袋装好，把条子压在口袋下面，表示我们不是来抢东西，我们是买东西。在那一带，有半年多的时间才打入那个黑风寨，这个时候张国焘就在黑风寨里呢，那个喇嘛寺最高的地方，在那里组织他所谓的"中央"，他就当主席。

这个时候呢，我们就正式进入草地了，张国焘的部队在前面，三十二军在后面。还有一个五军团，这五军团也是一方面军的，张国焘他管着的，张国焘就编了六个军，毛主席就带了中央纵队，带两支军队北上了。最危险的地方就不是夹金山了，叫党岭山。

党岭山下有一条小河，我们后面的部队也都从那里经过，从党岭山翻过去就到了甘孜。那个地方连接云南、贵州、四川，就是一个通道。到那里就把二方面军接出来了，群众也过来跳舞啊，欢迎啊，唱藏歌啊，就把他们接过来了。部队也很久没有吃上油啊，盐啊，多困难啊，结果就动员商户捐盐、捐茶叶，那个时候我才知道云南有碗盐，就是用一个勺子把盐熬成一块块的碗盐。后来群众就捐献给我们，每一个人捐献点盐巴。三十二军把二军、六军这两个军接过来以后，在那里大概住了三天的时间，然后就编队。在欢迎会上，才真正看到了朱总司令和刘伯承，刘伯承是总参谋长。那时候是八月份，天都凉了，都下霜了，山地上都下霜了。朱总司令宣布，把二军、六军编入二方面军，贺龙任总指挥。然后就过草地了。

草地有水草地、旱草地。水草地看着是平的，你一脚踩下去，就扣在水上，爬起来又往前走。有一些病号不说，还有一些抬着的，背着的，也从水草里面过。过草地的时候，我摔倒了，那个石头尖尖的，就把脚插出一个口子。跑起来的时候，走的时候，肉都翻出来了，里面好疼啊，没有办法，用绑带绑着就这样走。旱草地里呢就一点树木都没有，也没有水，在一些有竹子的地方，翻译就告诉你，那里没有水，也没有树，你们最好把这个竹子打个洞做成竹筒，一个人背一筒水，在草地里面就能做点饭吃。在旱草地，我们一走就走了三天才过去。水草地过的时间要更长一些。那段时间里就更辛苦了，没有饭吃，而且没有粮食了。喇嘛寺的政权有奴隶放牛放羊，前面的部队刚发现牛场的时候，就不走了，把牛杀了，吃到牛肉了，喝到牛肉汤了，我们后方的部队过去，就只有他们丢下的牛骨头、牛皮。

我们就把牛骨头捡来熬汤，这是一种吃法，另一种吃法呢，就把牛骨头用火烧，烧热了再泡泡，刮一刮，然后往嘴里送，就这样来充饥。可是没有什么开水，有一点水就不错了，又没有水壶，就拎着那个竹筒，走到有好水的地方就装点，就吃牛骨头充饥，那时最困难了。有时就把牛皮捡来，把毛烧掉，焖起来。炊事班警卫排一帮人就烧刮牛皮，然后用刀切成一条一条的方块，然后再剁成一片一片，煮一锅汤，有柴火就煮，那锅上面汤上面就浮着一点点油花，那还算不错了。早上啊，就吃饭，那个时候都有一点粮食，存着、背着，大家就能够在锅里面做一点饭吃。

那个牛皮汤就放点盐，最后牛皮吃着酸，发酸了，这么咬吃不动，有些人能吃得下去，我就吃不下去，我吃的时候把那个渣子都吐在地下。吃牛皮确实也不止一次了。最困难的时候吃皮带，不是人人都有一条皮带吗。就把那个皮带用火烧。皮带火烧了以后不就缩了吗，缩了以后就是干巴巴往嘴里送，还比较香、比较脆。旱草地里面还有一个好处，就是有老鼠。老鼠往地里面钻，专门吃草根，我们的战士看到哪里有老鼠洞，就使劲追，追到那里就拿那个小铲子掘开，把那个老鼠打死吃肉，拿火烧来吃肉，那时候还算不错了。那时候的人啊，太可怜了。

山上的地里也有一些地方长一点点树木，底下有水出来。最多的时候有十几二十个人在那里躲着，我们就催他们说同志啊赶快走啊，后面敌人来了，我们很快就能够把草地过完了。他们说，我们十天八天都没有吃到东西，这些草能吃的，我们连草根都吃了，但是吃完后头昏眼花。确实也是这样的，因为三天不吃饭了，都昏倒在地上。好多人都昏死在了那个地方，有些人挣扎着走。另外一种情况，就是我父亲受了重伤，我们南下时他就被收在了丹巴县那里。他背个背篓，挂个拐杖。背篓里面有账本、算盘，还有一个小铺盖卷。那个时候我们四川人不叫爸，叫爹，说你爹在前面走。我总得看一看，瞄一瞄，看我爹有没有在那里。他出了草地后就去了延安，在延安学习，1936年的时候去世了。

过鸡公山（音）的时候呢，有雪，有个小同志，十四岁左右，走着走着就一滑，他就抓住根小树木。他是湖南人，喊救人啊，哎呀救人啊。我听到了，就把绑带摘下来，让他抓住，我抓住小树躺下去，然后抓住他的手，再绑上，把他吊上来了。吊上来以后，我们两个人就一块儿走，他背个小背包，我也背个小背包。

我是两次过草地，第一次是夹金山、鸡公山，第二次就是跟二方面军从西走到东北。两次过草地，一年的时间才到了北方。到北方的时候，最困难的就是腊子口了。在腊子口，从地下到山上有一百多米高，树木比较多，人在下面可以烤火。在那个地方也遇到考验了，敌人在上面，攻的时候牺牲了很多人。我们从下午到第二天上午才翻过那个地方。那个时候就罗炳辉、贺龙、萧克三个军。大家就问，攻不上去，又牺牲这么多人，怎么办啊，就问贵州参军的一个新兵有什么办法。他说我在家里的时候，采药的时候，就攀着树啊、藤子啊上山。他出了个主意，从后面转过去，也就是从山的那一边爬过去。部队就从敌军后面进攻，把腊子口攻下来了。前面的部队把腊子口打开了，后来我们再翻过去，看到太阳，就觉得真是重见天日了，那真是可怜。翻完了腊子口，还要往下走又陡又险又偏远一点的地方。

从早上八九点钟翻过那个地方，到下午两三点钟的时候，才下到平地上去。平地上那个县叫文县，那是甘肃管的地方了。结果从文县往西走，你说糟糕不糟糕，我这才刚从草地出来，又要回到草地去，当时心里非常难过。后来部队过去了，再往东北走，就到了。当地老百姓做棉衣给我们穿。那时我在铁武队，铁武队有五个排：侦察排、警卫排、通信排，这三个排是跟司令部走的，那我就管不着；管得着的就是政治部，这部分人员还有一个司号排，这两个排我可以管得到的。

叫我在铁武队当指导员，就跟着北上，北上到了甘肃，出了草地就到了平凉、固原一带。那里打仗也牺牲了好多人。平凉、固原就是马鸿逵管的地方。在平凉、固原那里啊，他的骑兵围攻五军团。那山里没有水喝，找粮食也困难，结果就活活地就被马鸿逵打得全军覆没了。罗炳辉的军队不够一个军，只有一个团的力量，结果去支援的这个团也全被灭了。在平凉、固原那里啊，打仗确实是牺牲了一些同志。但是我当时没有在部队里面，我在铁一队跟着军部走，后来到了天水，然后到了宁夏的盐池县大水坑镇，就快到陕北了。

到大水坑时已经是十月份了，霜雪交加。在郴县时，罗炳辉看见我身上穿得破破烂烂的，就问我，小马，你身上就穿这么多衣服啊？我说我没有衣服啊，我的衣服只有穿在身上的这么多，他说你跟我来。他递给我个包袱，我就拿过来了，就一个小包袱，我就捆在腰上。在大水坑那里，陕北红军全部会合了。有一次，有个放羊的老百姓指着我说，那个兵士把我的毡拿走了，我怎么去放羊呢？罗炳辉就问我你真的拿了人家的吗。我说我拿了一批夹衣给他，换来的。罗炳辉就批评我说，你也懂得三大纪律八项注意吧，我说懂得啊，他说那你为什么要拿人家的，抢人家的东西啊。我说军长你看看我的身上，那个难受。后来我就把毡子还给人家了。

我们就在大水坑那里休整了一下，就派后勤的人员去盐池县。那里当时就有政权了，政权就动员筹了一些粮食，我们就找牲口把那些粮食驮过来分给部队。我们刚出草地，带着十七个人，有四个指导员，有一个股长，还有一个科长，其他的就是电话员，还有通信员，这十七个人就负责运粮食，有七百多斤的粮食。我们问一个老百姓在哪儿能找到部队，他说听说往东走，再走一天的路，就能找到军队。我们就往东走，找到了二十九军。那个时候陕北红军也有编队，也叫军，二十九军，在陕北就是住在两个县，剩下的就在内蒙古边界，就是长城了。我们不舍得吃粮食，就留在县支部，问县支部借了一间房子，我们就把粮食堆在里面。

这一路走过来，那么苦，那么难，又过雪山，又过草地，又打仗，那么困难，能走过来，靠的就是脑筋。想想共产党，现在来说，我就一直是学习毛泽东思想、邓小平理论、"三个代表"思想，开拓创新，与时俱进，我相信的就是这个。

改革开放以后，到建党九十五周年，一段一段地都过来了。回顾起来啊，确实是这样子的。我现在活到九十八岁，只有一个希望，就是找到我父亲去世时埋着的地方，我就这么一个希望。

王道金

晚上的火把都是老百姓支持的，
晚上没有火把走路是很困难的

2016年6月16日于贵州省遵义市接受采访
生于1915年，红一方面军警卫连长

　　我是王道金，江西兴国人，是1930年参加革命当红军的，最初是红三军团，后来改编为红一方面军。因为那个时候我的家里父母也希望我参加红军，参加革命。如果参加红军，部队越来越壮大，革命胜利了，穷人就能够得到幸福，所以我的父母愿意我参加红军。

　　我们一方面军八万六千多人从江西瑞金出发，一路奔波来到了湘江岸边。湘江战役的时候，湘江渡口水面比较宽，泥沙很多，有的牲口过不去，因为湘江渡口水比较深，那时候已经突破敌人第四道封锁线了。一方面军三军团，从瑞金出发突破敌人四道封锁线，第一道封锁线是信丰，第二道封锁线是延寿，第三道封锁线是道县，第四道封锁线就是湘江渡口。突破第四道封锁线时，我们的部队损失也比较大的，上面有飞机，下面有敌人堵着，后面有敌人追着，所以牺牲是比较大的。但是，总而言之这个湘江渡口还是过去了，我们还是取得了胜利。

后来我们北渡乌江，占领遵义，因为要在遵义建立一个临时革命根据地。那时候有这样几个县，遵义县、桐梓县、绥阳县，群众都已经起来革命了，主要是发动群众起来搞好革命斗争。那个时候我们从江西瑞金出发，遵义这个城市比瑞金大，是比较大的地方，所以生活上有了大米饭吃了，也有了萝卜、白菜、山药蛋等蔬菜，老百姓给我们部队解决了一些生活上的问题。干革命没有老百姓不行，因为干革命有几个条件，一个是共产党的领导，一个是能够得到广大群众的支持，能够发动更多的老百姓参加革命。

我们感觉遵义是一个比较大的城市，我们沿途经过的城市还没有像遵义这么大的。遵义开万人大会，证明这个地方的人口比较多，地方也比较大，发动群众有优势。

当时在遵义开会，会议时间很短，三天的时间，但是意义重大，因为遵义会议是革命的转折点。遵义会议的召开时间主要是晚上，所以我们这个警卫连侦察部队特别注意晚上的警戒，防止敌人偷袭破坏。我们侦察连任务就是保护遵义会议的顺利召开。我们白天晚上都是轮流休息，随时观察当时的情况，防止敌人来偷袭。

我们遵义会议这个房子是国民党一个师长的房子，我们占领了他的房子，他就会来袭击我们，所以我们侦察连特别注意，白天晚上都特别注意。我们警戒了几个地方——大坝水、南白镇、鸭溪镇。国民党部队走鸭溪那边偷袭遵义，已经来了，走那边过来的。老百姓都给我们带路，白天老百姓支持我们，还帮我们解决吃饭的问题。老百姓听到国民党部队的消息就告诉了我们，我们部队集中到鸭溪把国民党部队赶走了，达到了这个目的，保证了遵义会议顺利召开。侦察部队的任务很重要，又要保证会议胜利召开，又要保护首长的安全，最后两个任务都完成了。

元月15到17日这三天遵义会议结束后，我们部队到新的地方去，到土城，到新的地方发动群众干革命，扩大游击队干革命。我们部队就向土城、青杠坡前进，并在那里消灭了国民党刘湘的部队，这样子解决了我们吃的穿的问题。有了这个条件，四渡赤水，一渡赤水是在土城，二渡是在青杠坡，三渡是在土城，四渡是在赤水县，四次渡赤水任务都完成了。

长征最大的困难之一是吃的问题。我们自己都有一个米袋子，背一部分粮食，但是背粮食总是有限制的。另外，我们自己带一个铁锅，自己做自己吃，部队完全靠老百姓还是不够的。所以部队还要自己有大锅，用脸盆，以班为单位，这样子煮了大家一起吃。

天天打仗，天天走路，上有飞机，下有大炮，前堵后追，天天都有仗打的。特别是国民党那个时候的飞机，天晴、下雨它都侦察，在哪个方向，一发现哪个方向，就把我们的部队搞分散了，我们只好重新整顿部队再建立新的根据地。那时候晚上打仗比较多，晚上的火把都是老百姓支持的，没有火把走路是很困难的。再一个下雨天，下雨身上都搞湿了，穿的草鞋、布鞋也湿了。那个时候老百姓慰问也送了一些草鞋、布鞋，没有草鞋赤脚走比较困难的。

我们部队里面那个时候为了教育群众，就编了歌曲，比如："当兵就要当红军，处处工农来欢迎……"群众帮助红军，红军帮助群众，这样子群众生活越来越好了。红军自己的军歌主要是《三大纪律八项注意》。三大纪律八项注意，人人都要遵守，革命才能够取得胜利。只有把三大纪律八项注意做好，部队才是非常好的。

今天，我希望年轻人把遵义会议的精神都要带到各个工作岗位上去，不管是工业方面、农业方面，还是人民生活方面。革命的胜利主要是靠年轻人，年轻人是主要的，特别是生产建设和打仗，特别是三大纪律八项注意人人都要能够遵守。因为它教育了群众，也教育了部队，部队最终才取得了胜利。

王承登

我的生命真是捡回来的

2016年6月2日于江西省赣州市接受采访
生于1914年，红一方面军通信班长

我叫王承登，十五岁时也就是1929年参加红军，1934年入党。我的名字几十年没有改变，几十年就是用这个老名字。

我父亲弟兄三个，我父亲是老三，最小的。我们王家没有几个孩子，老大生了一个女孩子，老二生了一个男孩子，我父亲就生了我们弟兄两个。我们弟兄两个不到五岁时，我爹我娘就死了，我们两个就成了孤儿。

那时我们还是几岁的孩子，好可怜，在家里，没有办法了。怎么办呢，就割草喂猪，做饭，下田，种田，什么都要干。在家里劳动了一年才收三袋谷子，也不够吃，没有办法生活，还要交七袋谷子。

当时跟资本家借一块银圆，到年终要还他利息一块银圆。地主老财资本家剥削穷人很厉害，在旧社会真的好可怜，没有吃没有穿的，冬天没有穿过夹衣。不要说棉衣，夹衣都没有穿过，冻得发抖。农村人每个人就点一个火炉子烤火取暖，衣服穿得太少了。

大概是1929年到1930年，红军领导已经到我们家乡了，就见到我们，我就在家乡参加了红军。我们从小在家里没有办法生活，没有生活来源，就这样参加了革命了，挺可怜的。

当时，我们无依无靠，不出来当兵、不参加红军就没有其他办法。原先我们村里面有一个参加红军的，他回家来过年，让我跟他去，我就去了，参加了红军。从我们家乡到他所在的部队还有一百多里，要走一天。我去了以后，当了通信员，属于勤务兵。

第五次反"围剿"时，国民党发动广昌战役，包围我们，最终我们战败了，被迫进行战略转移，开始了长征。

当时一般没有去考虑战败后难受不难受，大家就知道国民党占领了我们的解放区，占领我们的苏区。我们一般的战士都是随军走，随部队走，管他到哪里去，跟着走就行了。只有个别家里有情况的可以考虑回老家，或者怕死不愿意当兵的可以回老家。一般不是这个情况的人都不会考虑离开部队。想离开部队的，什么时候走都可以，不管到哪里都可以走。

长征开始后，我们是晚上离开赣南的，晚上过的河，没有人送，老百姓都睡觉了。晚上下着毛毛雨，天已经黑了，根本没有人送，没有人管。

四渡赤水时，情况很紧张，不过那是军队上的事情，我们普通士兵不了解。那时候我们都是娃娃，不懂事，什么事都不懂，都是随大流，不会考虑这个、考虑那个。我自己知道家里没有亲人了，两个老人都走了，无依无靠，还能靠谁呢？我们只能依靠打胜仗来改变命运，来翻身做主人。

我参加革命几十年，负了三次伤。

1934年长征的时候，我当机枪班的班长，不可以撤退，敌人就追上了，我的腿被打了一枪，负伤了，这是第一次。

第二次是1936年。当时在延安的红军学校学习，部队要转移，我被派去配合掩护。国民党的老兵找到了我们的位置，朝我的脑袋开了一枪，一只眼睛差一点点就没有了，就变成独眼龙了。受伤后，我的眼睛肿得很大，睁也睁不开，流了很多血。我在半山坡躺了一天一夜，动也动不了，跑也跑不了。多亏狼没有来，狼来了的话，我就喂狼了，让狼吃掉了。后来战友历尽千辛万苦，走了一百里地，用了三天三夜才把我抬到了医院，我才保住了一条命。这四天四夜里，我血流不止，万幸的是没有死掉。

第三次负伤是1939年。当时我们在山东跟日本人打仗，我的整条腿都被打穿了。

现在回想这三次受伤，不夸张地讲，我的生命真是捡回来的。

我是从赣南出发开始长征的，所以我对赣南感情很深。2015年，我给习近平总书记写了一封信，希望国家重视赣南的油茶生产。一般我们的家乡农村人吃的都是油茶打的油，其他的菜油很少吃。我们家乡的经济主要是靠发展油茶生产，有一些先天的优势。就我们全县来说，现在的油茶产业发展得很好，形势不错。现在我们大家靠这个发家致富，这是主要经济来源，所以我希望习总书记和党中央关心赣南的油茶产业。

1972年，我回到了当年生活和战斗过的赣南。回来后，省市县各级领导都对我非常关心，过年过节都会来看我。他们为我们三个老红军配了三部小轿车。后来有一个老红军走了，就剩我和吴新昌（音）。现在公家要给我们钱，我说不要，因为我的工资收入基本上有一万了。另外，公家做的饭菜不适合我们老人吃，所以我不要他们招待，但是他们不愿意，没有办法，所以现在还是吃公家的。卫生局和医院的医生护士也对我们很关心。我说公家不要报销我的医药费，我自己有钱治疗，但他们还是坚持给我报销，并且把我的每月护理费从原来的三百块涨到一千多块。

原来在抗战的时候，日本帝国主义计划三个月内灭亡中国，结果超过半年了还没有实现计划，最后在中国人面前无条件地放下武器投降了。

我还想说说关于"守规矩、打胜仗"。在战场上，我觉得还是要守规矩，这个规矩就是要号召大家都听党的话，军队听党的话。但是，战场形势瞬息万变，光简单地说"守规矩、打胜仗"，不完全，不全面。你要根据当时的战争情形来采取灵活机动的措施，这样我们才能够打胜仗。

对当下的年轻人，我也是寄予了深厚的希望。一是希望他们要听我们党的话，要追随我们党的领导。我们中国人要有中国人的梦想，就像习总书记提出的我们的中国梦。我们要爱护我们的整个家，爱护我们的党，爱护我们的人民群众，爱护我们的解放军。如果没有解放军，中国就不安全了，人民也不可能过上平安的生活。

刘福

那时候就是要奋战到底，
把生命放在前线

2016年7月5日于广东省广州市接受采访
生于1910年，红一方面军卫生员

　　我是刘福，我的生日和党的生日是同一天，7月1日。我是1928年的9月参加的红军。那时候整个江西都是部队。他们打下万安县我就去了，农民协会、农业协会、妇女会、土地联合会。

　　那个时候叫苏维埃政府，打仗特别多，我们的打法就是你来得多，我们就让你们来。游击队这里打一枪，那里打一枪，你去找去吧，你来了以后，我们就一枪把你打掉，就是要速战速决。

　　第一次反"围剿"算是在1931年1月结束的。那个时候十八师作战，我是在十二军三十六师，跟着三军团第四师。开始的时候我们是预备队，后面我们是作为中坚力量的部队，他们不上了，我们就赶紧上。

　　1931年4月到5月是二次反"围剿"。当时我负伤了，是轻伤，用药简单地包扎了一下，现在都看不到这个伤痕了。当时休息了大概一个月。那时候老百姓很拥护我们，很拥护的。大家就是一起合作，党旗上不是有镰刀锤子吗，锤子代表工人，镰刀代表农民。

第三次反"围剿"很复杂，转了一千多里路，回来打的。打的一个旅，那个旅叫什么名字我忘了。第三次再打一仗就是打黄埔来的军队的时候，黄埔那是广州正规军，广州的军队到江西来了。这个时候，三十四师没有了，三十六师没有了，当时我们不知道。我们伤病员有八十多个，将近九十个，后来就转到了一军团。打了这两仗以后，还打了两个地方。这是第三次反"围剿"。

第四次反"围剿"我没有参加，我受伤了，在医院里住了很久。负伤的时候，打在身上的时候我不知道痛，过了以后也不知道痛，我是固执的。他们给我拿了三包药消炎，就不让我出去，怕我得破伤风，我当时很小，也不懂得这个。

第五次反"围剿"我参加了，但是没有到前方去。因为我的手不行，受了伤，怎么也抬不起来，养了一年时间才慢慢恢复过来。手好了以后就到了山西打阎锡山。

我们过大渡河的时候红四团打泸定桥。我们的枪还是好多的，而且是好枪。我们留了一百支枪，剩余的还给他们。有一个营长，他的父亲、母亲走了以后，他跟我们说，听说你们离我们有九十华里，那你们是飞来的？红四团打泸定桥，那时候是泸定县，他们从上面过，我们是从泸定桥的下面过。我当时只有一把大刀，不给我枪，我也没有要。我们就从那里过夹金山、过草地。到腊子口的一个县，我们打了场胜仗。

遵义会议的时候，打下遵义以后我们就走了。三军团的子弹、炮弹、手榴弹也打完了，只好用枪、用刺刀，没有别的了。

关于三大纪律八项注意，在井冈山提出来时是六项注意，我们到了江西瑞金的时候是八项注意。第一条是当兵就要当红军，帮助工农打敌人，长官、士兵都一样。这个时候就讲三大纪律八项注意，一切行动听指挥，才能打胜仗。特派员还有团的副政委，没有副政委就是副团长，就一个营一个营地看，一个是看有没有打老百姓的问题，第二个就是看买卖是不是公平，多少钱就是多少钱，不能乱要价，这个是买卖公平。

第一次会议的时候是四方面军会师，就是过了夹金山到松潘那里跟他们会师的。他们还有八万多人，我们才两万多人。他们看到中央红军这么少了，脑子里就没有想到说打这个仗能这么疲劳，特别是在湘江损失了三万多人将近四万人了。那个时候很苦，五军团很能干的，很能打的。三次反"围剿"完了以后我们到福建去了，到了福建打地主、打土豪，建立红色根据地，土地革命那时候就是这样的，这时候我就负伤了，就是在打土围子的时候。

六团就是三十六师，他们打鬼子山（音），我们打另一个地方。我们到后方，什么东西也没有，就是一支枪，怎么弄呢？有这么长的梯子，两个人架一把梯子，把十把梯子加在一起。撤退的时候也不知道是敌人来了还是怎么回事，就马上下来了，然后就打了这么大的一个窟窿。我们一班是很能打的，跟红四军三军团一样是很能打的，一个连都可以对付。我们把人交给部队，我把生命也交出来了，私人问题我们根本不考虑。入党的时候我们也是这个信仰，就没有别的。人就是一条生命，战斗就是要不怕流血、不怕牺牲，所以我们那个时候是什么都不怕的。五次反"围剿"以后我们连只剩我一个人了，别人都牺牲了。

过夹金山下来以后过草地，草地叫河地。我们有的同志掉下去了，再不能走了，就陷到里面去了。有战斗的时候就会收到伤病员。伤病员有的收到了百姓家里，有的就留在大山里面了。还有一个吃水的问题，吃水的问题很难解决。

一、二、四方面军会师的时候我去了，打了阎锡山回来以后去的。后来又过去一军团，还有十五军团，十五军团是四方面军，我们是二方面军，我们就这样集合在一起了。当时我们的战士跟他们拥抱，很高兴。他们知道一方面军很厉害，群众路线走得非常好。

那时候就是准备要跟着部队走，我是共产党员，就是要坚持到底。现在讲马克思主义，我在学习马克思主义的时候，看了马克思的自传，有八本，是这么厚的，十三块钱一本，我都买了。

我们革命，只要牺牲了就是为革命牺牲的，没有死的就继续奋斗。马列主义也是结合中国的具体情况来讲的。抗日战争时期，鬼子也都吓坏了，我们只剩一个人也可以跟你作战，共产党是很了不起的。那时候就是要奋战到底，把生命放在前线。那时候就是打的血战，打的就是刺刀见红，打仗我们就是这样打的。

田仁明

我那时候是勤务员，跟着干部走，他们骑着牲口，我就拉着马尾巴走，就是那样过了雪山

2016 年 7 月 27 日于北京市海淀区接受采访
生于 1921 年，红二方面军战士

我是田仁明，是二方面军的，贺龙是二方面军的总指挥。贺龙的部队是在湖南、湖北这些地区活动。

二方面军是 1935 年从桑植开始长征的。长征是不得已，因为红军都北上了，那时候是从江西出发的，我们要和中央红军会合，就开始长征了。

长征的时候爬过雪山，那雪山很高，叫夹金山。红军要会合必须要过雪山，因为它是二方面军的必经之路。为了过雪山，就动员大家说爬过去才能会合，爬不过去就会合不了。我那时候是勤务员，跟着干部走，他们骑着牲口，我就拉着马尾巴走，就那样过了雪山。翻过去以后，到了藏族的地方，牲口什么的都变了。

过草地那会儿，我的领导在三十二军当政委，所以我就跟着他到三十二军了。到了三十二军以后，因为我的年纪太小，对保护身体不注意，结果就病了。病了以后发烧，后来跟着到了军部以后，我就在三十二军医院住院了。那时候就安排我住院，让我好好休息。过草地的时候也没有办法，发着烧就跟着医院走。我的病情加重了，就这样一天一天地发烧。走着走着就没有气力了，没有气力我也一直想跟着走，不走不行，那你怎么办呢？后来鞋子也没有了，赤着脚跟着走。过草地我们牺牲了不少人，有的时候不小心就踩到死人身上了，踩就踩着了，也不能叫唤，那时候就是这样的。后来到了河里，就把脚洗了。

贺龙的部队那时候做后卫掩护部队。我摔在地上爬不起来了，他就把我扶起来又跟着走。因为贺龙跟我都熟悉，他一看是我，说你怎么掉在这里了？就把我抬起来走了，就这样我跟着贺龙出了草地。

那时候有藏民群众，他们种了庄稼，我们就去采摘，采了以后，给老百姓赔了。

刘光芹

我们打游击战时……
有一次差点把稻子烧着了

2016年6月5日于江西省赣州市兴国县接受采访
生于1912年，兴国模范师战士

我是刘光芹，参加过红一方面军和兴国模范师。

那时都组织号召大家去参军，并且参军是一件很好的事情，兴国模范师也很优秀，所以我去参军了。

在这之前，我还担任过游击队员。我们所在的那个村子很大，我们打游击战时，用石头丢。有时也会用石头打火，有一次差点把稻子烧着了。

1933年5月，红军开始出发，经过兴国塘石、吉安泰和等地。1933年12月，我们脱离兴国模范师，大家仍辛苦作战。

长征是非常非常艰苦的，吃不饱饭、喝不上水是常有的事情。

有一天晚上一点多吃饭，我们只吃了一点点干粮，天还没亮就开始打仗了。一直打，一直打，端掉了敌人一个大石窝的据点。我是前卫兵，后面带了两个普通兵，我们心里都很害怕，吓得半死。因为我们都还没有结婚，又是前卫兵，拿着机关枪躲在荆棘里面打战，后来又在大树底下找掩护。这是真实的战争故事。

在战争过程中，有很多的战友光荣牺牲了，兴国模范师都牺牲了，没有了。例如我战友谢太发、钟志山等人在战争过程中牺牲了，其中一个战友是一个结巴，每次说话都说不太清楚，有些结巴，每当他说话时，我都会笑。

后来，兴国模范师里面，我再没有见过一个长征后活着回来的人，没有一个。

第二篇

从瑞金出发到强渡乌江
五岭逶迤腾细浪

洪明贵

走了两万五千里路，
没有理想信念是不行的

2016年6月7日于上海市接受采访
生于1918年，红二十五军卫生员

我叫洪明贵，安徽六安人，1931年参加红军时十三岁。

我在中学毕业以后没有多久就当医生了，医生当了没多久，就给刘伯承治眼睛去了，治了半年多。

长征的时候，我在徐海东的部队。后来把师的番号取消了，就四个团，二二三团、二二四团、二二五团和手枪团，加到一块儿号称有三千人。到了陕北我们是四千五百人。长征唯一壮大的就是我们的红二十五军，第二个成绩是红二十五军还留下了一个鄂豫陕根据地，这个根据地在抗日战争中、解放战争中，都起了很大的作用。红二十五军扩大主要是有鄂豫陕开辟这个根据地。红二十五军有了学生、有了工人，原来全部都是农民。年纪最大的就是徐海东，剩下的人，吴焕先二十八岁，团长、连长都是二十岁左右的，所以这个部队年纪轻，很能打仗。为什么能打仗呢？就是为了实现全国解放，为了让人民过上幸福的生活。

红二十五军这个部队最早是四方面军的，1932年四方面军离开以后，就留下了徐海东。徐海东在医院里面住院，出院然后慢慢慢慢扩张一些部队。再加上徐海东在皖西有个二十八军。到1934年春天，我们合并了以后就成立了二十五军。徐海东当军长，吴焕先当政委。1934年的春天，我们已经到皖西去打仗了，那时候的部队士气很高。郑位三是鄂豫皖省委的秘书长，程子华任参谋长。后来红二十五军离开鄂豫皖进行战略转移。至于转移到什么地方，由自己选。省委就讨论中央的决定，那么到什么地方呢？就是桐柏。讨论中间徐海东就说了，我这个军长要程子华当，因为他是黄埔军校五期的，他在中央红军当过师长，我当他的副手。省委就同意他的意见了。结果找程子华一谈，程子华不干了，说我走的时候周恩来副主席叫我当徐海东的助手，当红二十五军的参谋长，现在叫我当军长我不干。郑位三就把程子华的意见带回省委。徐海东就说我们省委开会决定，让他做辅助。徐海东是一个高风亮节的人，长征的时候我们叫中国工农红军北上抗日第二先遣队，军长是程子华，副军长是徐海东，政委是吴焕先。

吴焕先这个人是年纪并不大，但是文武双全，是全军威信最高的人。独树镇是河南方城县的一个镇子，独树镇战斗赶上天气最冷的时候，那天下雨，遇上寒流，路都是泥巴路。战士们在山里面不习惯，冻得实在不行，前面部队往下退。这时候吴焕先就高喊："同志们，现在我们是生死关头，我们一定不能退，退了就死路一条。"他就从交通队里面拿了一把大刀大声喊，说："共产党员跟我来。"结果敌人也震撼了，我们的情绪也提高了。之后徐海东又带着二二三团从后头迎上来，就稳住了。如果没有吴焕先，红二十五军很难留下来，所以吴焕先这把大刀不但把敌人吓倒，还把我们的士气都鼓舞起来了。

庚家河战斗的时候我们部队实在是疲劳了，我们一个排都睡着了，结果国民党六十师的主力部队上来了，山头都是敌人。当时省委正在庚家河开会，敌人就来了，首长们就上去了。第一个上去的就是徐海东，上去没多久就被抬下来了。下来以后就跟死人一样了。没过多久程子华两只手被炸烂了。子弹里面有一种是爆炸的，有一种是不爆炸的，打到徐海东的是不爆炸的，打到程子华的子弹爆炸了，他两只手就被炸了。所以军长和副军长都负伤了，那这个部队怎么办呢？就由吴焕先带着了。我们胜利结束了庚家河战斗。我们伤亡了百余人，这些人都是红军战士，宝贵得很，敌人伤亡了三百多人。我们一个团长，他在战争中间腿都被打断了，不肯退下来，最后就牺牲了。

这场战斗结束以后准备在鄂豫陕开辟根据地，就把二二四团解散了，只剩了二二三团和二二五团。二二四团解散后一部分人就到了二二三团和二二五团，一部分人就开辟根据地，先把反动武装解决。很快群众就发动起来了，蒋介石就惊动了，就派人带着主力部队来消灭红二十五军。就是在庚家河，国民党警备一旅旅长叫唐嗣桐，他说一个月还是三个月，我记不清楚了，他说他如果消灭不了红二十五军就拿头去见蒋介石。那个部队很骄傲的，装备也很好。吴焕先那时候对我们全军七千人进行动员，他就说国民党这个旅是庚家河的主力部队，我们不能做赔本的买卖。所以我们干什么呢？我们跟他拖，我们走路比他们好，我们就潜伏去了，我们去的时候他们还怀疑，我们化装成跟他们一样的，当他们发现我们的时候，二二三团到了，之后就把敌军旅长俘虏了，他所有的设备我们都收缴了，现洋收缴了多少我不记得了，从那以后我只花了二十块钱，到陕北就交了。

回来以后，吴焕先聪明着呢，他不从原路回来，从原路回来会碰到庾家河的敌人，他就从另外一条路回来。他返回的时候累得不行了，部队也疲劳了。袁家沟口那里都是山、都是树，我们就埋伏起来了。唐嗣桐这个旅直接进来，我们在袁家沟口就把唐嗣桐这个旅全部消灭了，俘虏了一千多人。

吴焕先到子午镇，从陕南打到子午镇的时候发现了国民党的报纸，得知毛泽东的中央红军准备北上了，所以吴焕先就在子午镇附近开了一个会，省委做了一个决定，红二十五军要北上去迎接中央红军，鄂豫陕根据地的省委就跟着红二十五军走了。还留下了一千五百人的部队，这个部队成立了一个师，陈先瑞担任师长。

红二十五军的贡献是最大的，我们到陕北去跟刘志丹会合的时候，成了红十五军团，那时候毛泽东还没有来。十五军团打劳山战役消灭了张学良的一〇一师。又打了榆林桥，团长是张学良的亲信，所以我们把他俘虏之后就进行了教育，然后放掉了，让他回去做张学良的工作。我们和毛泽东会合以后又打了一个子午镇，这两仗打了以后，基本上在陕北根据地就稳固住了。毛主席是1935年10月到的吴起镇。我们红二十五军是1934年11月从河南何家冲出发，1935年9月到了陕北永坪镇会师。我们打了两仗，毛泽东中央红军才来。中央红军很困难，穿的、吃的都困难。毛泽东就给徐海东写了一封信要借两千五百块大洋。徐海东就把供给部长叫来问我们还有多少，得知还有七千块，说给中央红军五千块我们留两千块。每个连还凑了两三千军饷给一方面军。我们在物资上能够援助的尽量援助。我们动员部队一定接受张国焘的教训，要全心全意辅助中央。我们全力在物资方面援助中央一方面军。我们很多东西拿出来就是为了一方面军，所以徐海东这个人高风亮节就在这里，军长为什么不当，这个一般人能做到吗？大洋七千要给毛泽东五千给自己留两千。

以后为了接受教训，叫中央红军派干部到红二十五军来。那之后很多干部都是一方面军派来的，红二十五军就到了一方面军了，所以以后会合就编到一方面军了。10月26日，在甘肃会宁县会师的时候是一方面军、二方面军、四方面军，二十五军在一方面军里面。红二十五军军长是徐海东，副军长是程子华，政治部主任就是一方面军派来的叫王首道，参谋长也是一方面军派来的。红二十五军到了陕甘以后不仅人手没有减少，还增加了，还开辟了根据地，在陕甘根据地打了两个胜仗。中央会师的情况，在我们红二十五军来说就是盼望已久的，就像孩子好久没有见过父母，见了以后那个高兴的心情就很难形容了。

徐海东有一个特点就是能打仗，有一个名字叫"臭豆腐"，谁都知道"臭豆腐"，国民党叫"徐老虎"，特别能打仗。这个人讲话声音很大，普通话讲得好，两三千人集合，每天讲话，他一讲话把部队的疲劳就都打消了，最困难的时候能把部队集合起来。

徐海东在庾家河负伤下来的时候，我是卫生员，给他包扎。他看上去就跟死人一样了，我赶紧用碘酒擦，用纱布包扎，包了以后送到后方去了。军里三个首长，就剩吴焕先了。对徐海东来说是第九次负伤，但是过了一个礼拜他清醒了，还能指挥打仗，这是个奇迹。子弹穿进去，没有伤到他要害的部位，他昏迷了几天之后就醒了。徐海东在红二十五军里面就是打仗，其他他不管。其他的主要是吴焕先管。吴焕先第一个他是政委，第二个他又是省委副书记。

毛泽东对徐海东两个评价，一个评价是说他是对中国革命有大贡献的人；第二个，徐海东当过工人，毛泽东说他是工人的一面旗帜。徐海东在抗日战争前期还能打几仗，以后身体就不行了。那时我在卫生部当师长，我们有个干部，也是师长，叫陈源生（音），去看徐海东。徐海东就跟他打听我，问红二十五军有一个小看护现在在哪里？陈源生就告诉他就在卫生部。他说你叫他来。我就去了。工作人员说你去看看他，他想你，时间不能太长了。我去看他了，他看到我以后问你是谁？我说我是小看护洪明贵。他不知道我的名字，然后就说你就是小看护。我一看他主要是靠氧气了，没有氧气就根本没办法活了。后来，徐海东的女儿叫徐文惠到上海来搞演出，专门把徐海东的大照片给了我，把徐海东的一本书也给了我。

吴焕先在长征的时候牺牲了，他是中共鄂豫陕省委代理书记，是军政委，所以说长征牺牲最大的官恐怕是吴焕先。吴焕先是在南渡汭河时牺牲的。我们为了援助一方面军，打天水没有打进去，之后就准备与陕北红军会合壮大力量再迎接一方面军。那时我们团在前面，都过去了。之后大水就暴发了，后面的战士都过不了。后来留下一个二二三团，吴焕先就是这个队伍的。吴焕先和徐海东在长征的时候，一个在前面一个在后面，这次是徐海东在前面，他就过了，吴焕先在后面。敌人来了一千多人还有骑兵，这个战斗没办法打了，过不了河就要背水一战，没有出路。二二三团是一个主力团，跟他们在城庄打，一个部队一个部队、一枪一枪地打。吴焕先就带着小兵们还有一个通信队插到敌人的后方去了，一打起来，敌人乱套了。看到吴焕先政委都上去了，大家就拼命打，好多人都牺牲了。战斗快要结束的时候，一颗子弹打到了吴焕先的心脏，他最后牺牲了。他死后全军没有一个人不哭的。政委是在队伍里威望最高的，而且打仗都是以身作则不怕危险的，我们红二十五军几次遇险都是他挽救的，他死了……

我最难过最伤心的是吴焕先牺牲。吴焕先死了，就包括徐海东，你不知道我们流了多少泪啊！徐海东跟吴焕先的关系是很好的，徐海东知道吴焕先死了，从河对面返回来抱着吴焕先就开始哭，再抱过河那边给他安葬了，他们是在战争中结下的友谊。红二十五军那个时候的战士没有一个不哭的，那个悲痛的心情是很难形容的。所以吴焕先如果在那儿没有牺牲的话就到陕北了，这个人是很有水平的。我现在一想到红二十五军，吴焕先这个形象在我的脑子里消失不了。其实吴焕先并不认识我，我原来也不认识吴焕先，我为什么那么佩服他呢，他对我一生影响是很大的，一直到今天我还对他有印象。当时，部队里人们情绪很受打击，因为周围都是敌人，我们很难存活下去的。没有想到吴焕先最后打胜仗了，所以吴焕先的威信是在战争中间树立的。

吴焕先的个子比我高一点，也不胖也不瘦，他有一个特点就是讲普通话有湖北口音，他的声音很响。那时候没有喇叭，两三千人他讲话，在他牺牲以前我们红二十五军每天出发前都要集合，他都要找一个地方讲话。吴焕先就专门了解民族政策和宁夏的风俗习惯，了解以后就搞了一些文字规定，并开了全军大会让大家尊重民族风俗习惯。少数民族的人跑了以后就都回来了，来慰问红二十五军。所以毛泽东第二次过这个地方的时候，少数民族都回来了，为什么呢？因为红二十五军在这里很好。所以毛泽东见了徐海东就讲，你们的民族政策都做到位了。

长征途中，二十五军有七个女护士，我最了解。这些护士本来是要留下的，结果我们走她们也走。过了好几天，军首长看到实在是过意不去，就把她们收下了，她们就成了军医院的正式护士。这七个人在途中牺牲了两个，到了陕北的时候剩五个人，除了一个成为戴季英的爱人，结婚了，还有四个，其中一个跟徐海东结婚叫周东屏，是我老乡，到陕北以后才结的婚。后来她们陆续都结婚了。她们在长征路上，就走路啊！她们不打仗，搞宣传她们都比我大，那时候都特别地照顾我，我很感激。徐海东的夫人，那会儿很照顾我。她帮我洗洗衣服，衣服破了就帮我补补。她们很苦的，我想起来了，到最后就给她们几个女的一匹马，让她们放东西。这七个女红军，在路上，吃的跟我们一样，住在老百姓家里。在长征途中，打仗的时候七个女红军在后方，后方是无所谓的，后方飞机大炮炸弹都打不过去。

三大纪律八项注意是不是咱们红二十五军提出来的，我不知道。我们入党的时候就有这一条，不怕苦不怕死，严格遵守三大纪律八项注意。当红军的第一要不怕苦，什么苦都可以吃。第二不怕死，打仗就是不怕死，我们是不怕死的。第三个严格遵守三项纪律八项注意。这个纪律很严的，侵犯群众利益抓住你是不行的。

在长征路上，我是护理员。前期是在卫生部当看护。打仗的时候受伤最惨烈的是在庾家河，我在那儿亲自参加救护队的，我们这些人看到以后心情是非常沉重的，含着眼泪给他们包扎，然后往后方送。我们是军部的救护站，就是军队领导人在哪里我们的救护站就在哪里，师有师的救护站，团有团的救护站，我是救护站的其中一员。

我自己来说，我的理想也好，信念也好，是在战争中锤炼出来的，特别是庾家河，给我的印象太深了。在战争期间我才知道我参加红军不是为了分田地、打土豪，而是为了更高的目标，就是要建立新中国，使人民能够过上幸福的生活，就是建立共产主义社会。我这个共产党员当了一辈子，就是理想信念决定的，就像张闻天讲的一样，长征没有理想信念，连一天路都走不了。红军长征走了那么远，走了两万五千里路，没有理想信念是不行的。战争年代是最锻炼人的，只要有理想信念，什么苦都可以吃的。那时候哪里有澡可洗、有衣服可换的？什么苦都要吃的。我们红二十五军在长征中苦的时候连饭都吃不上，打土豪、分田地都没有机会，我们长征真正休息的时候就在陕南根据地，在陕南的一个寨里面休息了一个礼拜，其他时间没有休息过，天天在走路，一天不走路，过上两天走路就觉得腿酸得不行，那都是锻炼出来的。那时候没有布鞋，都是穿的草鞋，红军战士在那个时候都会打草鞋，草鞋都是用稻草和打土豪、分田地的烂布条编的，脚上穿一双，然后背上背一双。衣服就很难说了，长征的时候我们什么衣服都穿，只要保暖就行了。后来开辟了鄂豫陕根据地，有了物仓，这就解决了很大的问题。袁家沟口为什么能打胜仗？周围苏区的老百姓都给予了很大的支持。这个过程当中就六个字：信念、感恩、宽容。在卫生局里面开会时我发言，讲了这六个字以后，他们到处宣传。

解放以后，不管你搞多少运动，做了多少事情，什么困难都没有超过长征，什么苦也没有超过长征，长征能过来的人后面遇到什么问题都不在话下了，就是一条，就是要有理想信念，要永远跟着共产党走，只要跟着党走就一定可以克服困难，我们一定要坚持理想信念。

新中国成立以后，我到江西省卫生厅任副厅长，从那以后就成了地方干部。"文革"结束以后，当时的省委书记是管干部的，叫我管工会，工会那个时候要调整，我就写报告，离休了。我就愧疚在这里，我离休几十年了，我为党没有做工作。相反党对我还很关心、很照顾，一再给我提高待遇，我很感谢。但是我的心里面有愧疚。1984年提了副师长，这个待遇对我有好处，在政治上对我来说有很大的帮助。到2001年，中央批准我享受部长级医疗待遇，就给我解决了后顾之忧。给我批这个，我觉得从我个人来说，高兴是高兴的，但是我觉得有愧疚。

我会唱一首歌，叫《八月桂花遍地开》。《解放日报》有个记者访问我，这些歌曲你欣赏哪个，我说最欣赏《八月桂花遍地开》。他问为什么，我说我从小就会唱。真正好听的还是抗战时期的歌曲。

我们党中央习近平总书记每次讲话我都听，反复地听。我们有这么一个坚强领导人在国际上能够站住脚，能够说上话，我感到很幸运。习近平说现在对过去的优良传统、好的东西都继承下来了。

阳震

跟党走，
要把国家建设得非常好

2016年7月7日于广东省广州市接受采访
生于1920年，红四方面军排长

我是阳震，十三岁当的红军。

我家里十多口人，弟兄姊妹八个。红军到我的家里去了，我看到红军好。他们到了那里以后，打地主、分田地。那时候穷人也没有吃的，他们这样子帮助穷人。我不让家里知道，如果他们知道了，就怕了。

我原来叫何老三。我姓何，男孩子，我是老三。我后来改了名，跟我妈妈姓阳。因为我怕家里知道，不改名换姓不行，而且一旦国民党知道，不只是抄家，全家人都不能安宁。国民党说"一人通共，全家遭殃"。

开始的时候红军是不要我的，因为我小，但你只要跟得上不掉队，就可以帮着扛东西。老人、小孩都有不少跟的。我参军大概一个月之后就到草地了，到处都是河沟，老百姓也没有鞋，穿的是自己打的草鞋。老百姓就用麻绳自己打，打得也不好，然后就是这样把它捆在脚上。就这样穿着鞋，脚指头也没有好的，都露着，整个腿也露着。那个时候部队是很穷的，枪没有枪，子弹也没有子弹，什么都没有。大家拿的就是唱戏用的那个红缨枪。没有物资来源，也没有供应，就靠晚上什么时候去"抢"。半夜的时候那叫夜袭，从敌人手里抢夺武器。那时候穿的也很少，武器也没有，就是完全靠自己了。

我第一次拿的枪是火枪，就这么长一点，是用火药打的。那个里面装的沙子这么大一点点，过去是打鸟的枪，年纪大一点的大概知道这个东西。主要就是用刀，刀不要钱，然后就是唱戏用的那个红缨枪。那时候红军走路也不能走大路，走的是小路、山路，有石头，在晚上也看不见，就那样走，脚指头也没有好的。

过草地时是有什么吃什么，只要没有毒，毒不死就行，也煮不了，就那样吃。行军打仗就是一直走，走得累了休息，大家把小包袱一丢就跑，去找野菜了，什么没有毒的东西都可以吃。晚上就是把掉下来的干树枝捡一堆，然后点火烧，烧好了以后就问有水的人把水拿上，然后大家在那里也可以烤火，背靠着背。最苦的就是没有吃的、没有穿的、没有住的，晚上就住在树林里，看哪个地方偏一点，就在那儿住上一晚上。

翻雪山的时候就是马在前面走，人把马尾巴拉着。部队里大家很团结，都是红军，有的人上去了就拉你一把。

我会打草鞋，还会纺线。纺线那时候就晚了，是在延安了。纺线不光女同志干，男同志也可以干。抗战的时候到延安，到了那里后一把铁锹，一辆纺车，一斤棉花，每天劳动，晚上纺线。男孩子本来是不懂得纺线的，就那样学。

过草地的时候，我们不知道有多少同志是在那儿饿死的、冻死的。过雪山、草地的时候，你到了那个地方，就是去捡柴，晚上把干树枝烧一堆火，地上就睡人，开始睡在前面，一觉睡醒以后，前面的人冻得不得了再翻过来。我能活过来真是上天保佑啊！牺牲的战友饿死的、冻死的、累死的都有。我们还好，我们当警卫员，首长在前面骑着马，我们可以在后面拉着一个马尾巴。上坡什么的还可以占个便宜，省点劲。

第一次会师的时候，我们是红四方面军的。毛主席他们是一方面军的，在草地会师。张国焘开始很高兴，来了以后一看，毛主席带着几个人穿的、装备也都很差。红四方面军就不一样了，红四方面军在四川，徐向前是总指挥，胜仗打得多，武器装备的什么都比他们好。那时候红四方面军领导人是张国焘，张国焘后来跑到外国去了，后来死了。张国焘是野心家，所以他最后就跑了。

长征时候像样的战斗都不多，那时候武器不好，人也不多，弹药就更不要说了。我们在前面走，国民党的胡宗南的部队在我们后面追。大的战役是在解放战争的时候，红军长征的时候没有大仗。我们的武器也不好，不能跟人家硬拼。敌人要堵截我们的时候该拐弯就拐弯了，不拐弯就得打了。打得了就打，打不了就跑。如果打就是集中一点打，不能浪费武器。

长征胜利之后就是西安事变，完了以后就是抗战，我在一二九师，就是刘邓部队。到了一二九师之后，我打草帽、写东西，白天晚上一直写，特别是刚开始的时候，刚到华北的时候。那时候也很穷，什么东西也没有。我们白天晚上学习写字，就在地上写。我们那时候就是白天晚上地工作。

几个方面军只有红四方面军有妇女独立团。妇女独立团是很行的，打仗什么的都可以的。

我想对年轻人说的就是，跟党走，要把国家建设得非常好。

罗永祥

流血流汗不能掉队

2016年6月27日上午于北京市接受采访
生于1920年，红四方面军司号员

　　我是罗永祥，出生在1920年，1933年参加红军，当时被分配到四方面军三十一军政治部当勤务员，1934年调到四方面军总参谋部学习吹号，毕业后分配到四方面军总部铁五连当司号员，1935年5月随四方面军从四川开始长征，北上抗日。当时领导讲了很多革命的道理，也讲了会遇到很多困难，当时我就讲再困难我也不怕，我有跟党走的决心，不能掉队。这个时候我已经从铁五连调到总部第四军当号兵，四军的军长是徐向前，总管科长是张令彬，参谋是秦基伟。建国以后张令彬是总后勤部副部长，秦基伟是国防部部长，他们都是我的领导，也是我的长辈，胜利以后我就拜访过他们，他们现在都已经去世了。

　　长征开始时，我有旺盛的生命力，咱毕竟是一个小鬼。三次爬雪山、过草地，在这个阶段一是粮食短缺，再加上伤病寒的折磨，牺牲的同志最多。

我之所以有今天，全靠战友团结、友好帮助，比如说我饿了他们给点吃的，走不动了，他们帮助背行李，过河了有人拉着。爬雪山最困难了，天气也寒冷，上面的积雪被前面走的人踩得光了，我们在后面往上走感到特别滑，就像是滑冰一样。

我过的雪山是夹金山，我们还走了三次。过山的时候走到山中央，实在走不动了，张令彬骑了个骡子过来了，我拽着他骑的骡子的尾巴。过草地里的河，四军的徐长勋也骑着骡子，我拉着他骡子的尾巴过河，结果骡子走得快，我走得慢，走到河当中，我松了骡子的尾巴，差一点被水冲走，正好后面的通信班长过来拉着我，才没有出危险。但是我的裤子都打湿了，上了岸以后继续往前走，我腿都出了血，但忍着痛继续向前走。

过草地时也是粮食短缺，还受伤病的折磨，加上我们没有药，有了病没有药治。

草地的草长得挺好，是一堆一堆长。我们在上面走要踩着草堆走，如果踩丢了就掉到烂泥坑里出不来了，所以得有成年人跟着我们小一辈的，经常是拉着。另外就是草地那个天气变化快，时常一会儿下雨，一会儿下冰雹，一会儿又天晴了，穿的衣服打湿了把它晒干，晒干又打湿，来回地。那个时候口号是流血流汗不能掉队，一定要跟上队伍。

过草地时死的人最多，我们就是些小孩，自己都注意不到，哪还关照得到其他东西，关照不到，这是一个；再一个只知道死的人多，究竟是谁，是哪一个，也记不得了，所以也不能瞎说，不知道，要说同伴就是张令彬和他的爱人。

1936年10月，一、二、四三个方面军的主力在甘肃会宁胜利会师，标志着长征胜利结束。毛主席讲红军长征是宣言书，是宣传队，也是播种机。胜利以后我们到了陕北保安县，这时候正好毛主席做西安事变的报告，我就在台下坐着听他做报告。我是司号员，早晚吹号。

　　长征开始以后，领导动员，每人准备十五到二十斤干粮，因为我年纪小，背不了二十斤那么多，所以只能少背一点，背十五斤。但是人家背得多的就有的吃，我背得少，就吃不够，所以我没有办法，就坐着哭鼻子，最后那些大哥大姐就给我帮助，我也非常感谢。要说是不能忘记的话，红军长征的精神我们永远不能忘也不能丢，要代代相传。

张生荣

我是吹号的啊，总要往前进，往前进

2016年7月9日于湖南省长沙市接受采访
生于1919年，红一方面军司号员

我叫张生荣，出生于1919年7月11日，我的父亲叫张家英，是宜都人。1934年10月，红军长征，我父亲去送了红军，被敌人发现，追杀了一夜多。现在他的坟在哪里都不知道。

我很早就参军了，湘江战役那个时候死了好多人，当时我在二十二师工兵连，拿手枪上了前线。

1935年10月我就参加了长征，那时候我十五岁，他们告诉我不是长征，实际上是长征，当时要打到白区去，我们那个时候是苏维埃。

强渡大渡河，翻雪山前死了不少人。我是吹号的啊，总要往前进，往前进。我一吹冲锋号，各个连队的司号员都吹起冲锋号。对面的敌人四川军阀听到这个冲锋号，用炮弹、子弹攻击我们，我们十七勇士、十八勇士就赶紧强渡大渡河。

敌人的炮弹啊、子弹啊落到江里面，好像投了冰雹子一样，水飙得好高，当时我们有一个发炮的战友技术还高，他在那里一炮、两炮、三炮，把敌人的攻势打翻了。打翻了以后，我们十七勇士、十八勇士撑着船冲过去了。冲过去了敌人就跑了，我们的部队一直追，追到那个对面山边边上。雪山呢，主要是没有东西吃，好危险啊。没有东西吃，吃草根。过雪山啊，我过了五天。过了五天呢，就碰到一个牛棚子。雪山是四川的，我背个人过雪山，快到顶了，这个时候，通信员通报了，前面的部队传消息来，不能停留，停留了要死的，就醒不来。不能休息，然后就爬到最上面。旁边那个雪里面，睡一个，死一个，死了二三十个。

然后我们下了雪山，到了少数民族的地方了。到了那里休息了一下，把田里的豌豆啊，田里的东西啊，都摘了吃了。还有的时候，把那个烂皮鞋都拿来泡胀，把它炖了吃了。

（过草地）那个时候，行军的那个路啊，有的人掉到水里面，就没有办法，没有人能救起他了。一直光是前进，往前前进。有的人呢，带了一点炒面啦，草根啦，站在水里面也起不来，站在那里死了。那个草地啊，它是非常宽的。有的人走个十几二十步就倒在草地上死了。后面的部队赶到了，就拿草盖上，埋掉。在草地死的战士不少。

杨成武对我很关心。那个时候，我吹号，当司号员，当司号长，后来到营分区司令部当司号连长，后头到军区去当营长。然后到抗战了，想起那一年谈话，杨成武来做我的工作，要我干什么就好好干。我是营级干部去当副排长，降了四级。我考虑：不贪官，不贪利，不贪名，我就去当了副排长。现在想起来，我们部队艰苦奋斗，奋斗终生，最后全国解放了，是不容易啊。

第三篇

从强渡乌江到四渡赤水

乌蒙磅礴走泥丸

王敬群

一直在走路，就走路，很赶，也很苦的，路不好走，大山旁边是河，就一条路，高高低低的，石头尖尖的

2016年6月3日于江苏省南京市接受采访
生于1919年，少共国际师宣传干事

我叫王敬群。原来在革命战争时期，我叫王顺爱。我是江西靖安城阳区铜川村人。长征的时候十四岁。

我1929年11月加入共青团，在1930年的上半年，在本乡担任儿童团团长，乡儿童团指导员。下半年，红军打开长沙的时候，我当区儿童局书记，是共青团区委书记，区支委儿童团的政委。到1931年冬天，我是县儿童局委员，在江西省儿童运动训练班学习。1932年初，我就做宁都、广昌、建宁儿童局书记，以后又做了共青团泰宁县委宣传部长、城关区委宣传科长、宁甘陕共青团儿童局书记。

我做儿童工作，在地方上参加了反国民党的一、二、三、四、五次"围剿"。到1934年3月，我带一个青年团和儿童团的慰劳团去慰劳红军。慰劳完了以后，少共国际师政委冯文彬说你不要走了，就把我留在部队工作了，我就这样由地方干部转军队干部了。我先是在红军少共国际师做师政治部宣传干事，机要处书记。后来，我又到四十四团当过一个月的青年干事。之后，回来当师政治部技术书记，相当于现在的秘书。我只读过三年半小学，但是我字写得很快。

1934年的10月我参加长征。在长征路上，我是担任红一军团的青年政治部巡视员和中国工农红军陕甘支队第一纵队二团和十三团政治处的青年干事。

中央苏区号召共青团带头参军，成立了一个师。当时有共产国际啊，我们就叫少共国际，这个少共国际是民兵部队。

当时参加长征，就在广昌以南，突然之间来了命令，要撤走，撤到于都。到了于都以后，我们就驻扎在一个镇。补棉衣啊，补发子弹啊，准备好以后，就过于都河。这个河有深浅，我们搞个绳子甩过去就过去了。到了一个镇子后，萧华同志就动员了，"同志们，我们要反攻"。我们就向赣南出发了！

通过了第一道封锁线、第二道封锁线，到了湖南又通过了第三道封锁线。第三道封锁线没打，比较和平，直接通过了。过第四道封锁线打得很惨，那是湘江战役。湘江战役是在湘桂公路以南，湘江的东面，还没过湘江。国民党调集了三四十万军队想在这里消灭我们。分三路，广西军的白崇禧，湖南的刘建绪，国民党中央军的周浑元，三路大军夹击我们。我们过江的时候，先头部队已经过了江，占领了渡口。主力正要过的时候，就受到夹击了，敌军从南北两侧夹击我们，打了六七天。其他部队都轻装快速通过，可中央纵队过得就很慢了。因为什么？有炮啊，有好多办公用具啊，就是搬家。这些东西都不能丢，用骡马运或者担挑人抬，走得很慢的。前面部队过去以后，他们还在路上，一天才走几十里路，为了等他们过，怎么办呢？就死打，我们的战斗部队就死打。我们的这个少共国际师呢，师长带领一个团去配合一军团的一、二师，去阻击敌人。我们的师政委萧华同志就带着主力部队。我们过湘江的时候，还是过浮桥。我们过河，上面有飞机打机关枪、丢炸弹。过了河以后，后面突然发命令，部队整体转向，前面转为后面，南昌部队原地停止。我们就是南昌部队，我们就停下来了。停下来以后，刘建绪的部队就从我们右后方打来了。

我们就紧急地通过湘桂公路，往贵州去。后来说怎么少共国际师还没来，没见着少共国际师啊，赶快倒回来。我们拼命跑。萧华同志带着我们过了老山界。我们过湘江的情况就是这样的。后来还有三军团的六师十八团，还有五军团二十二师没过去。打了六七天，为了掩护中央纵队过江。不能退啊，不能放弃啊。

敌人调了三十万军队，从湘江边布置了十道封锁线，每道封锁线都要牺牲很多人，就打光了。最后毛主席说，不能再走了，向西，到贵州，过乌江，建立根据地，以后要过长江，和四方面军会合。以后就一过、二过、三过、四过赤水。

进遵义城的时候，我是中国工农红军第一方面军第一军团第一师青年科长。我们的部队在郊区休整，整顿编制，缓解疲劳。中央在遵义城里召开了遵义会议，纠正了中央在军事领导上的单纯防御路线的错误，把领导权转给毛泽东。这是中国革命非常关键的一次会议。要是没有这个改变的话，我们也没有今天了。按照毛泽东的正确路线执行以后，我们顺利地完成了任务，也保存了这些老同志。

土城战役这个仗僵持了，都有伤亡。我们的情报有误，打成了名副其实的"拉锯战"。就这个局面,后来想想不行,不能马上过长江,后来北渡长江这个计划就放弃了,转为渡赤水,跳出了包围圈。

大渡河没有什么战斗,就是特别困难。大渡河两边是大山,沟底下一条河。部队在河两岸走路,地方不宽阔。我们过大渡河,先是通过凉山,然后到了一个小镇子。红一团造了一条船,要过河,就靠一条船。我们过去一个师,再加上妇女团和先遣队。这个船一个来回要一个钟头。船先是往上拉,拉上以后,顺流下去就到了渡河点。我们有几万人啊,追我们的敌人也过了金沙江。国民党说共产党也到这里了,要消灭我们。毛泽东他们一看不行啊,光靠一条船,要过多长时间啊,要抢渡。

到泸定桥,还有二百四十公里,两天当一天,大家都是跑啊。还边跑边打,才到达泸定桥西头。二十二名共产党员作为突击队,一个连长,是二连的吧,当突击队队长。我们掩护,他们就爬铁索。前面的连夺桥,第二个连扛着桥板,用这个办法过。机关枪很多啊,抬不起头啊。过去了以后,就到泸定县城门口,也是东桥头,我们就会合了。全军安全通过了。假如没有这个泸定桥呢,就等死啊,敌人来了,我们就可能被消灭了。

我们是二线部队。先头部队是二十四团,我们就是通过,像走路一样,那有什么危险的?两天走了二百四十公里,白天走,晚上也走,还得跑步走,这样过去的。我们二线部队没有什么战斗,就是艰苦,吃饭时间没有,睡觉时间没有,一直在走路,就走路,很赶,也很苦的。路不好走,大山旁边是河,就一条路,高高低低的,石头尖尖的。泸定桥也没怎么打,炮火掩护,过去了,就是走路苦。

我们过了夹金山,到了大为镇,是个小地方,就是各方面谈谈情况,情况交流。会合以后,我们怎么办?明确行动方向,创立根据地。有两条路,一条是去把胡宗南消灭掉。还有一条路就是过草地爬雪山，没有办法了。

芦山、宝兴县突破以后，就向夹金山前进。这个夹金山在阴天看，半山之下是大晴天、大太阳，半山之上雾气腾腾。再往上爬，看着没什么，呼吸也没什么困难，再往上就有点喘不上气来。有些同志想休息一下，后来就起不来了。我们部队的炊事员带个大铜锅，挑着，人被吹倒了。到了山顶上一看，群山都是雪山。过了山以后，下山就好了，呼呼就下去了。下去以后就跟四方面军的先头部队，三十军的军政委，还有二十四师的师级干部一起，就这样过了雪山了。

爬雪山最早爬的夹金山，后面多了，还有打古山什么的，好几座山。爬雪山之前肯定有动员。爬雪山是为了跟第四方面军会合。那个时候也不了解西北红军的情况。爬雪山之前，要通过封锁线，这是军事上的。生活上要准备什么呢？生姜、辣椒，其他的没准备什么。

我当时穿草鞋走的，穿草鞋，还有羊皮。就整羊皮，添几个扣子，穿个带子，这个还可以。还有拐杖，准备这些。主要是政治动员，过雪山是要和四方面军会合，一会合，我们就十几万人了。会合之前只有三万多人，那个时候还没那么多。扩大红军力量，到兄弟地区去建立根据地啊。

草地呢，没有人家，没有村庄，只看到牛马粪。看起来是高原，但是到当地看并不高。地面是草，草根底下有淤泥，在草面上行走，有的地方就掉下去了。人要掉洞里面越动越往下，只能等着其他外面的同志拉起来。过草地时，白天走，晚上走，走了六七天。吃什么呢？青稞面、炒面。过草地之前都整顿了，每个人要准备好半个月的粮食，自筹粮食。怎么筹呢？当地人跑了，粮食藏起来了。就找啊，到他们家里去找。找到以后就放点钱，或者留下条子，没钱就写借条，后来都还上了。

还有到田里找将要成熟的青稞麦，摘麦穗，把麦子摘下来用锅炒，炒熟了以后用手搓，把麦灰、壳子搓掉，拿米袋装起来。一个米袋装点青稞麦子，一个袋子装点水，过草地就靠这个过日子了。六团过草地的时候，缺少粮食，就吃野菜，找点野菜煮着吃。我只吃了炒青稞麦子。渴了拿个茶缸子烧点水喝。反正也没有房子，睡觉呢，有的就是人靠人，靠着。我是一个人在斜坡上躺着，就一个小被单，就睡在上面，是这样过去的。

快离开草地的时候，就看见牛屎房。牛粪做的墙面，一个小房子，没人住。再往前走就到处是麦子。反正是六个白天，六个晚上，一个礼拜过了草地。到了后面，我有一次很危险，就是要倒下去，旁边的同志扶了一下，不然倒下去我就完了。

我在中央苏区参加了战斗。大概在开始长征的时候，还参加过掩护九军团。光是掩护，没怎么打。到了遵义以后，编到一师、二师去了，就没怎么打了。

我当时编到了青年团，都是小家伙，十几岁的小兵。因为我是秘书，叫文书吧。后来当巡视员了，巡视团下面，做检查工作。不像现在的巡视团，现在的巡视团责任重啊。我负责检查军事政治工作，不是专门为哪个领导，是全面检查的，要检查党的工作团的工作、部队管理的情况。

在中央苏区，二次反"围剿"，我们打游击打到泰和县，到老百姓家里。这个人家里在大门口养了三四条狗。我跟我们区政府的文书开玩笑，文书十三四岁的样子。我推他一下，他就追我。我就往房子跑，正好跑到门口，小狗以为去碰它就咬了我一口。区政府的炊事员很好，对我们小孩很照顾，他弄些草药用嘴巴嚼烂了，给我敷了一个月，现在印子还在，狗咬的。长征路上我没有负过伤，但是差点被炸死了。那时长征到了陕北了，我在陕甘宁独立师人事部当科长,有一仗打得很大,在西安事变以前。在一个镇子东面,地形很怪,山沟对面是山顶,山顶很平坦。六军团和我们独立师夜晚袭击东北军,夜战,结果没成功,第二天白天继续打。我们从山顶下深沟,再爬这个深沟到山上。我带了一个宣传队长,我们跟他们一样,在沟底下。突然听到山上枪声那么密,我们去看看吧,一看呢,敌人到了我们跟前。他们用机关枪对着我打,我就在沟边,底下就是万丈深渊,就在我身边打,没打到我,打到我,我就掉进万丈深渊了。我实在跑不动,就不跑了,慢慢走了。走到那个沟边上下去喝点水。刚爬上来一个炸弹在我旁边爆炸了,我这次差点被炸死。这是西安事变前,那是相当危险的。

我在长征途中没见着毛泽东,见过罗荣桓,他是红军第四军政委,是军委的动员武装部部长。我见过共青团江西省委书记,叫张继之(音),这个人恐怕在长征路上就牺牲了,听口音是江浙一带人。我还见过一军团的好几位部长。过了大渡河以后,在泸定县城城门口,也是桥头,好几位部长在城门口谈话。那时候我是第一次见到邓小平,他是党中央秘书长。为了加强领导,他到一军团兼宣传部长。我在苏区见到的陈毅。1932年,我在广昌、南丰开扩大会,党的扩大会。那个时候我还是共青团员,我年龄不够,作为儿童局书记参加的会议。当时王稼祥是总政治部主任,陈毅是江西军区总指挥,他们两个人来参加会议。听王稼祥做报告时,我就坐在陈毅对面。陈毅就问:"小同志,你叫什么名字?"我说:"我叫王顺爱。""你干什么工作?""儿童局书记。"他就记住我了。长征的时候,他因为负了伤,不能继续走,就留下来了。在南方红军游击队编成新四军的时候,陈毅就问王顺爱哪里去了?陈毅第一次到我们二师来,亲自过问我的婚姻问题。他一见面,就喊"王顺爱",讲出我的名字。他说,"不错了嘛,少年出英雄啊",他夸奖我。军长、第一副军长,还有参谋长,对我是很好的,很关怀我的,总指挥对我也很好的。刘少奇呢,我听过他的报告。

在长征路上,我们是少共国际师的嘛,胡耀邦那个时候,在中央苏区是共青团秘书长。地方干部长征的时候,是部队的地方工作团,就是总政治部的地方武装部,归他们管。为了加强部队,也为了保存干部,把他分到部队去了。分到三军团去了,做点地方工作、群众工作啊,又保存干部,又做地方群众工作,又协助部队。胡耀邦主要是做这个事情。

我身边就有战友牺牲。青年连有一百多人,我们连的指导员是福建的,是青年团团委书记吧。他到了云南东部,去地主家里为我们孩子们找吃的。他在那个什么缸里头找谷子,就拿一个火把找,结果找到一缸火药,轰,炸了。他冬天还穿着毛线衣,烧成重伤了。部队要走啊,怎么办呢? 就简单地上点药,搞一搞,包扎一下,他就寄住到老百姓家里了,后来生死不明。长征过程中,很多干部负伤,就寄住在老百姓家里。

长征一路上我们有宣传队、宣传员写墙壁标语、贴传单、写大字标语、开大会宣传,专门有宣传队搞宣传工作。他们做的也是行军中的鼓励工作,唱歌啊,演个小节目啊,鼓励大家一路前进。

长征这一路这么艰苦,克服了艰难险阻。长征的胜利,使我在长征以后,更加坚定地对中国人民的革命事业多做贡献。我参加了革命,参加了抗日战争,参加了解放战争,解放后,我又参加了国民经济恢复和国民经济建设,这是最大的收获。我自己呢,也是成家立业了,生了一大堆孩子。

陈有德

这个脚疼不疼，疼，钻心地疼。
怎么办？靠意志。

2016年7月8日于湖北省武汉市接受采访
生于1919年，红六军团通信班长

　　我是陈有德，1934年在我们湖南大庸县，也就是现在的张家界参的军。

　　参军以后呢，红六军有个十七师，我们这个新兵连就全部补充到十七师的五十一团了。我们有二十几个人补充到五十一团的一营三连，补充到这个连队以后，过了三天就首次作战，这个我就不多说了吧。

　　我们红军长征的时候，是1935年10月，出发地点是洪家关，桑植县的洪家关。当时出发之前，并不知道我们要长征，只以为有部队来进行整编。不久以后呢，在洪家关开了个大会，开完大会，部队就出发了。我们从大庸县出发一直转到桃源附近，在那里过沅水。渡过沅水以后，我们的部队就打了一个转儿，把敌人甩开了。

　　敌人不知道我们后面还有一个营，保卫整个主力部队的前进。等他们下来一个连，全部被我们消灭了，因为我们当时是一个营。然后，我们就继续长征，走到什么地方呢？湖南和贵州交界的一个地方，这个地方叫龙溪口。我们在那儿打了一仗，两天三夜，收获相当大。

　　我现在主要是讲长征，我们是在什么情况下长征？敌强我弱。强的是什么？敌人数量超过我们几倍，武器装备好于我们几倍；我们那时候只有机关枪，主力部队有重机关枪；我们的子弹少得可怜，一个人五颗子弹，手榴弹几乎没有；有枪但没有刺刀，有的连枪都没有，有的枪呢是半截的。实际上，国民党军队和地方民团，我们红军都有遇到过，但是我们最缺的一个是子弹，一个是手榴弹，这是第一缺、第二缺。我们在长征路上吃了不少的苦。我举个例子，冬天的时候，不说新参军的、家里是富农的，那些当过一两年兵的人，就穿两件衣服，那时候就算不错的。穿的是什么呢？各种衣服都穿着。

　　吃的就更成问题了。当时贵州那边的人民群众比较苦，大部分吃不饱，我们吃的粮食啊，拿银圆都买不到，为什么？这个地方的国民党做坏宣传，老百姓一听说红军来，他们害怕。当时就是饥寒交迫，过草地要自己编草鞋。我有这样一个感受，我们红军长征啊，不是一个方面的兄弟，而是五个方面，甚至更多方面，面对敌人的前堵后追，两边夹击，空中飞弹，最大的一个问题是没有鞋子穿。战士们经常脚打出血泡，那不是稀罕事，那是家常便饭。但是为了行军不受影响，就用发丝穿到血泡里面，把血挤出来，第二天就可以行军了。第二天行军时，可想而知这个脚疼不疼，疼，钻心地疼。怎么办？靠意志。师团的团长他们有马，实际上他们那个马自己就骑得很省，大部分都是给伤病员用。这个是我们过草地在路上遇到的比较大的问题。再就是敌人强于我们多少倍。还有一个问题呢，就是敌人的宣传对我们的威胁相当大，说什么我们是青面獠牙。我们住到一个村子的时候，老百姓偷偷地看我们。后来通过和我们对话，他们偷偷地观察，来认识我们。我们是父母养的，我们是有人性的军队，我们是有理性的军队，我们住到这个地方，没有一个士兵，没有一个战士到处走动。老百姓当时听到的是我们不抢。国民党的军队有三条枪：打子弹的枪、一条大烟枪、一根抽旱烟的枪。我们呢？只有一条枪。

关于信仰的问题，先说说龙溪口作战。龙溪口作战时我们的部队伤亡比较大，我记忆中伤亡有三十多人，快四十个人。负伤的战士没有办法带走，为了他们的安全，将他们都寄留到老百姓家里，最少的给五块大洋，最多给十块。有个战士，我们把他寄留到老百姓家，给了他八块钱。他伤得相对比较轻，第三天他就赶上了部队。营长见了他很高兴，我们那时候的营长是湖南浏阳人。营长非常高兴，说你在百姓家安全，又给了你米和水，怎么又赶上来？他说我舍不得你们，营长，舍不得我们的同志。营长就回了他一句话，问你为什么舍不得，他们老百姓和我们不分官和兵，官兵是一致的。营长说我们要到北方去打日本人。他说你们打日本人，我也跟着你们去打日本人。营长说那好吧，那你就跟着部队走吧。个把月以后，他的伤好了，又回到部队里面，一直跟着我们走，翻雪山，过草地。我记得他一直和我们到了陕北。还有一个国民党兵，被我们俘虏了，开始呢，问他说让你回家给你三块光洋怎么样，他说我看了你们这个部队，没有官，没有兵。营长问他，那你想不想当我们这个兵呢？他说想。他为什么要当我们这个兵，他说你们兵官一致，穿戴一个样子。后来看我们的生活费都是五分钱。有钱呢就给你一块钱花，没有钱呢，上下就都没有。

有一次我们过草地，缺粮食，我们那个部队有八九天一颗粮食都没有，大家都是吃野菜。当时吃野菜有三个条件，哪三个条件？一是吃了不中毒，二是吃了能排泄，第三个是最重要的——充饥。这三点来得不简单啊。十二个人走着采野草，副指导员带队，采野草野菜，他们不是采给我们吃，是做试验。他们并不认为自己到此就总结好了，还通过游民部队问如何吃野草野菜充饥。

官兵关系啊，我印象最深的有这样几件事情：第一件事情，我们那个单位有个战士到贵州的时候打摆子，四天的时间发烧就走不得，躺着休息。有一天，我陪他在部队前面走。走到师部，师部的政委认识我，他就说小鬼啊，你们的部队过来了吗？我说部队没有过来。那你走到哪儿了？我说我带这个战士保护他，也就是陪他啊。他是什么情况？我就说是什么什么情况。他说那你在这里稍微等一等，然后让他的警卫员跟卫生部长传个命令，让卫生部长赶上来。卫生部长上来了以后，政委就问有没有什么什么药。这个药的名字我是后来才知道的，原来并不知道。卫生部长说有，只有十几颗，我们想保证你们师级干部的。他说先救病人，不保我们，当时就把这个药拿出来了，交给我。战士按照部长说的把药吃下去，然后就好了。

还有我们本团的团长，他看到我们上来没有跟部队，就问你们为什么不跟部队走，我就也跟他把这个情况说了说。我说这个战士有病，他问什么病啊，我就说是什么什么病。他问现在怎么个情况，我跟他说了。他问他吃饭了吗？我说几天都没有吃东西。那时首长有警卫员，警卫员提了一个黄窝窝，装着饭装着菜中午吃的，他喊这个警卫员，说把饭给这个战士吃。战士吃了三口吃不动，他把马牵过来——那时候团长有马，驮了他十几二十里路。战士当时跟我说，我们不能像首长那样，我还是慢慢地爬，我爬也爬到队上。后来我们自己跟首长讲，首长就是不让，非要让马带。

一个老炊事员他有个儿子，这个老炊事员已经四十多岁了，他的儿子才十二岁，跟着他一起参军。他们是少数民族，懂少数民族的语言和规矩，实际上就是翻译。过草地的时候，这个老炊事员扛不住，最后病重，大家要抬他走，背他走，他说为什么非要把我带过去，把大家都累死，把大家都拖死，要大家还是要我一个人？我们的部队继续前进，后来呢，我们再也没有见到他。他这个儿子后来在四连当了排长。

我们的部队进到贵州，具体地名我现在想不起来，我们这个部队是整个部队的后卫。我们接到命令，要我们往回返，往回走，我们走了三天两夜到达目的地。我们的部队就进到一个村庄。这次战斗我们主要是迷惑敌人，我们被敌人全部包围了。我们怎样迷惑他们呢，就是动员老百姓帮我们造火把。这个火把有两种材料，一种是竹子，干竹子，一种是树皮，用来弄火花。营长就首先发言，说这个仗应该怎么打，然后就按军事民主听取大家的意见。最后总结出来几个点：第一，迷惑，主要是炸火花；第二，准备主力突围，或者是小部队吸引敌人，这叫主攻和佯攻，在军队上小部队吸引敌人，打破敌人突围；第三个，火花点起来，有的人拿两个火把，有的人拿一个，走几步插一个，走几步插一个，结果呢，火把在那儿，实际上我们已经不在了。右边的一个排实施佯攻，把敌人全部引过去，然后我们的主力突围，敌人发现我们的主力突围时就缓不过去了。

实际上，敌人在那一次战斗中付出的代价比我们大得多。我们只有几人突围时伤亡。当时，火把的材料来得不易，是怎么样来的呢？是用老百姓房子上盖的竹子绑的火把。我们进了村以后，不久他们就问我们，说你们走不走，我们说我们还要走。我们往哪儿走，这个就不能告诉他们了。最后，村子里的人问我们要装粮食的袋子，把粮食一袋一袋地给我们装起来，我们也付了钱。老百姓就说像你们这种军队，我们都没有见过。后来我们的这个部队统一后，上面嘉奖，每个战士包括营长在内奖了一块大洋。这个部队后来打出名了。现在呢，我再讲第二个故事。

第二个故事呢是打罗家堡。我们这个部队收编原来的三个团一个师，最后收编成四个营。当时敌人控制了我们全军，还不是我们一个军，后来叫二方面军，原来不叫二方面军，二方面军是到西康才有的。敌人把我们右边的阵地占领了，我们整个部队要走到山沟里前进。正是这个时候，敌人呢向下压了将近一个营的兵力。我们的师政委告诉警卫员，说这个部队给我上。他亲自带队冲锋，有几支部队有战斗力，一个侦察排，一个通信排，一个警卫排，这三个排有战斗力。第一次上去，人家一个营啊，我们才三个排，敌人就压上来了。第二次调整一下，再上。第二次上我们没有达到目的，又垮下来了。第三次后卫部队来了一部分，他们调了一个连来和我们一起，政委亲自指挥，把敌人打下去了。我们的力量还是不如敌人，敌人又缓着上来了。政委说，同志们，你们是我们部队的骨干，你们是保卫我们司令部的，也是保卫我们首长的，绝对不能有丝毫的马虎。最后我们还击成功了，消灭了五六十个敌人，还抓了十几二十个俘虏。整个部队安全通过了，敌人没有再反攻，可是我们唯一不知道的是政委已经负伤。负伤了以后，他又和我们失了联系，最后是群众把他送上来的，他已经成了残疾。我们虽然付出了这样的代价，但整个部队现在安全了，通过了。

讲长征的精神，可以举几个例子。第一个讲互帮互助，干部对于战士处处关心，事事关心。比方说长征路上战士们有轻伤、有小病的，我们也坚定不舍，有吃大家吃，有喝大家喝。有的部队过草地遇到困难，互相调节，有的领导把自己的干粮节约部分，给了下面的部队，给了那些轻伤病员，这个是一个方面。再一个方面呢就是见到首长，首长第一句话就问有什么困难，有什么要求啊？这是经常听到的话。虽然这话很简单，但是含义非常深厚。我们那个王震司令员啊，他不到下面便罢，到下面他首先到什么地方呢？伙房，炊事班。第一个看你们的生活，第二个了解你们的物资来源，困难有多大。到连队时不在连部吃饭，不是在炊事班吃饭，就是和战士们一块儿吃饭。我们的部队对他的印象比较深，慢慢地连长啊，排长啊，见到新兵第一句话就是以后不许你们叫长官，叫我什么呢，叫老王、老李，我的年纪小，你就叫我小王、小张。不许叫官，只许叫同志，加个"老"字。印象更深的是，上到贺龙、任弼时，穿戴跟我们是一样的，没有一点特殊，他们都是过的士兵生活。

那时红军吃住在一块儿，走也在一条路上，说话是一个调子。我给大家第一句话是，希望一代一代比我们健康；第二句话，要多学知识；第三句话，要有信仰。第一个，为什么强调健康？很简单，健康是一切的资本。第二个，为什么强调知识？没有知识不能建国，现在的军队跟过去的军队有天壤之别，现在的武器我以前看都没有看到过。第三个问题，就是信仰问题。现在世界上大家都不断地对我们的国家产生一个印象，这个印象就是我们这个国家是人民的国家，为大众服务的国家，这是理想问题。所以我的理解，第一，有一个好身体才有资本；第二要有才；第三要有信仰。

杨思禄

当兵就要当红军

2016年9月6日于北京市接受采访
生于1917年，红一方面军警卫班长

我是杨思禄，原来是在少共国际师，后来反扫荡，第五次反"围剿"伤亡很大，就并到了一军团二师，成了二师五团三营的战士，再后来在长征的时候遇到了萧华师长。他原来在江西打仗的时候就认识我，他说我很机灵，就叫我当警卫员。萧华这个人对下级很关心。这样的话，我一直到打平型关战役的时候是在五师一营。

第五次"围剿"呢，蒋介石请了德国的一个顾问，我们也请了一个顾问，是苏联来的，也是德国人。但是蒋介石的顾问出的招奇，他说："你们前四次'围剿'都叫人家打怕了甚至消灭了，第五次'围剿'你们就不一样。"他让纵队一百多万人步步逼近，怎么叫步步逼近呢，他一天走两三里路，像大海里头捞鱼一样的，撒出去网以后慢慢拉。

第五次反"围剿"我参加了，整个红军伤亡很大，没有办法，咱们那个顾问不行，照搬苏联那一套，中国有中国的运动战、游击战，打了一、二、三、四次都取得了胜利，为什么第五次失败了呢，就是指挥上的错误。

在老家的时候，我不想走，因为我们那个时候不是分田了吗，生活就改善了。像我们兄弟三个，大哥打仗的时候负了伤，回家养伤；二哥在草地牺牲了，买粮食被打死了；就剩我一个人，我要不当警卫员的话也危险，在机关当警卫员好一点。

于都是长征的起点，那时候部队集中在于都、瑞金、兴国这一带，准备长征。我是个当兵的小鬼，十七八岁，所以什么也不知道，老百姓也不知道，下面情况也不知道，就是那些高级将领准备长征的。那时候不叫长征，叫反击敌人。老百姓欢迎红军的，所以要什么给什么。于都的一条河比较大，都是老百姓搭的浮桥。我们走的时候，老百姓都站在道路旁边欢送，他们不知道我们要走，以为我们是去打土豪。

以后就开始走，开始长征。广东的军阀联系红军，说我也不打你，你也不要打我，那个时候他们害怕红军，所以我们就顺利地通过了广东，进入湖南。国民党的重兵在湖南，对我们四面包围，结果我们指挥错误，钻到人家口袋里头，伤亡很大。红军八万三千多人，那一仗损失了五万多人，还有三万多人，这时候大家意见也很大。那个时候准备得不好，坛坛罐罐的日用的东西都带着，拖得部队尽打败仗。

意见大没有办法，那个顾问李德很坏，李德和博古是总头，打了败仗，批评他他还不承认，结果以后我们有很多同志提出意见，不听他的。到了遵义，斗争很厉害，大家批评他的错误，他不仅不承认错误还反击，说我是顾问，我权力大得很，博古也听他的。但是不管你怎么样说，咱们红军一、二、三、四次反"围剿"都取得胜利，第五次失败了，结果还是把他拉下来了。把他拉下来以后,他找毛主席,问说我的家人要不要在一块儿,毛主席说你家里的事我不管。遵义会议时我是警卫员,知道斗争很厉害,但是详细情况我不了解,那时候我还是小鬼。

遵义会议以后,我们也打了一些恶仗,敌人也还是很厉害的,结果不管怎么样,中国人知道四十三师取得了胜利,所以我们一定要北上抗日,这是我们的出路。之后我们就向陕北方向突进,这时候节节胜利。

四渡赤水也是敌人包围,我们往这儿走,敌人就到这儿,我们又走回来,敌人又跟着,我们又回来了,这样来回了四次,最后我们胜利了,没有被敌人消灭。

我们在四川西部通过少数民族地区,现在叫彝族地区。开始我们一个侦察连,是二师萧华的部队,到了少数民族地区,被当地人消灭了,把衣服也脱了,枪也拿走了。结果刘伯承赶到以后,他不仅没有打他们,相反地,他说你要枪我还给你一点,你要什么我给你。结果他一看你不打我还给我东西,就和刘伯承拜了兄弟。拜了兄弟以后,我们送给他们一些衣服、子弹,他们给我们粮食,还派人送我们走。

长征路上粮食有的是自己带的,有的是从当地买的。贵啊,比方说一袋谷子,原来是三块钱,我们去了以后就涨到六块,那也得要,我们愿意多给他钱,说实在的我们粮食太缺,困难太多。

为什么要过雪山,为什么要过草地,主要是敌强我弱,敌人逼着我们这样子,我们没有办法才这样走,我们各方面都比较困难。那个雪山说实在的,鸟都飞不过,很不好走。上到山顶上不能坐不能站,一坐下去空气非常稀薄,所以我们就是一个挨一个坐着屁股往下溜,雪山是这样过的。

过草地的时候没有粮食吃,很困难。倾盆大雨以后昏天黑地。我在草地差点走丢了，原因是什么呢，走了好几天了很疲劳，晚上我倒下去睡着了，睡着以后也不知道下大雨，啥也不知道，第二天早晨睁眼一看，部队都走光了，就剩我一个人。结果后面有个掉队的老战士要拿我的干粮，我说："你不能拿我的干粮，我还活着呢。"他一听我还活着，干粮也不要了，相反他扶着我赶部队。过草地不是走一条线吗，前面走，后面跟着走。

过了草地又遇到一个大问题。到了腊子口，四面都是像刀切一样的路，一个小沟有国民党两个营把着，没有其他路，你再回去又没有粮食。于是开会讨论怎么办，有个贵州的新战士说："我有办法，我是山上卖药材的，什么路我都可以走，没有路我也可以过，只要有绳子绑带把我绑起来，人就可以过去。"结果听了他的，他带了一个团，第二天以三个信号打开了腊子口，这个战士很勇敢，最后我们取得了胜利。

出了腊子口，毛主席告诉下面说多找找报纸，结果正好找到报纸，内容是敌人骂陕北的红军，一看知道陕北有红军了，大家高兴得不得了。

快到陕北的时候，毛主席提出，我们一定要消灭一部分敌人，把敌人打倒在苏区外头，不能把敌人带到里头去。以后红军集中力量消灭了敌人一个骑兵团，打垮了两拨骑兵，所以红军到了陕北就比较安全。

可是蒋介石还不死心，非要来围攻，我们在直罗镇战斗，消灭了张学良的一个师，抓了师长，做了东北军的工作。那时候还逮到了张学良的一个亲信营长，把他放回去以后，张学良要杀他，他说："你不要杀我，杀我也可以，但是等我把红军对东北军的看法报告给长官。"结果讲了以后，张学良不错，不仅没有杀他，还升了他的官。他觉着红军讲得没有错，是他们错了。和东北军联系上我们的力量就大了，东北军不打我们了，我们胜利了。

说实在的，到陕北我们是欢天喜地的，原因是什么呢？长征的时候没有政府，没有医院，没有后方，所以非常苦，当兵的人牺牲都不怕，就怕掉队，负了伤在老百姓家里被坏人杀掉。长征到了陕北，我们大家非常高兴。过去也说一个笑话：我们南方人到了陕北，北方是土炕，南方人不习惯睡炕，就说用板子睡觉。一说要用板子睡觉，这下可好，老百姓都跑光了，说你们这个部队不好，你们为什么要用板子睡觉，哪有那么多板子？大家都笑了，什么用板子，加个硬板就好了，圆板就不行，结果老百姓都回来了，高兴了，说你们不是坏人，是好人。这是笑话。

我们红军为什么长征能胜利，国民党八百万人为什么让我们消灭了呢？主要是我们的官兵，当官的和士兵是一样的，没有人压迫人。当官的和我们走一样的路，吃一样的饭，打仗也是一样的，所以很团结。所以说当兵就要当红军，红军处处人民都欢迎。

革命胜利以后大家都清楚，现在敌人不敢和我们打呢，就是因为我们打败了蒋介石八百万军队，抗美援朝大胜，我们非常坚强，新中国不像国民党时代，蒋介石时代腐败，我们现在真正是在党的领导下，建设新中国，解决贫困户，现在中国发展非常顺利。

年轻人不知道长征这个不奇怪，因为现在雪山、草地都是我们自己的，各方面都建设得不错。老一辈革命精神非常强，真正听党、听人民的召唤，使得革命取得了胜利。年轻人觉悟都比较高，对自己的国家、民族都很好，所以现在都不错。

李万华

走一路打一路，
就是这样打过来的

2016年7月28日于北京市海淀区接受采访
生于1917年，红四方面军通信员、勤务员、警卫员、侦察员、步兵

我是李万华。红军到了咱们四川这里就搞宣传工作，打土豪、分田地。那时候地主就是好的自己吃，穷人没有房子住，也没有地，就帮着有钱人做工、种地，很可怜的。红军去了以后就帮助穷人把地主的地分出去了，这样老百姓就有地了，就可以有吃的了。

那时候红军宣传工作到处都搞得很不错，红军和我们老百姓差不多，就动员我们跟着红军一起走，当兵可以有吃有住，那时候还是小孩，就这么稀里糊涂地过来了。

长征的时候就是前面打，走一路打一路，就是这样打过来的，不打的话就存活不下来。那时候就是一边打仗一边走，前面走后面跟着，走到哪里跟到哪里，走一段算一段，坐半天休息休息再走。爬雪山、过草地，不管什么时候就是一直走。从四川走到甘孜，后来都到陕西了。

那时候就得打，不打你走不了。在路上走，前面也都是敌人，我们一路打一路走，从四川打到了北方。原来我们都是四方面军的，就是这样打，一路上打到了甘肃、打到了青海，又打到新疆去，到最后就没有多少人了。

大个子，就是老的都没有了，都打死了，那打仗不死人那还行！小孩真是沾光了，在后面跟着走，当个勤务员，所以就活到现在了。我那时候小，背枪都背不动，能跟着走就已经不错了。

剑门关是我们在会合以后打过来的，那个渡口过不去，我们部队就从后面打过去，打了把敌人包围了就这样跑着过去了。

长征最忘不掉的就是艰苦奋斗，没有吃的、没有住的，天天走，草地走、雪地走，有树就在树底下宿营过夜。就捡一点柴火然后烧一点水，煮点东西吃。我们每人得背着干粮，背点大米，在路上走着和一点水就这么吃。过草地那时候动员了，然后就找的老百姓弄的苞米花，也就是玉米花，随走随吃。没有饭吃的时候就吃树皮，把草根洗了也可以吃，反正就是把肚子吃饱了就行了。到了会合的地方，吃的是牛羊肉。想吃猪肉，那时候是没有的。

爬雪山就是前面走，后面跟着走。爬雪山都是很苦的，那时年轻，走也没有事儿，就跟着走。过去的时候也不知道冷，这边下雪前面还是太阳。那时候人也走不动，马也走不动了，也没有几个人是有马的。实在走不动了就拉着马尾巴走。愿意帮助别人的人多了，大人帮助小孩，走不动了就背着走，就是这样帮着你，这些战友现在也没剩几个了。

那时候有一方面军、二方面军、四方面军，我是四方面军的。会师就是今天说会，明天说会，到那天又不会了，打了又会师了。我们过去的时候人多，二方面军人比较少，那时候还瞧不起人家。二方面军从湖南打过来的，我们就见到他们了，部队里有湖南的、湖北的，我们是四川的。一方面军人也不少，一方面军是不错的，长征走得远，后来他们都是骨干了。四方面军人是最多的，招兵最多的。到后来红军还是四方面军人多，四万多人。

我们从草地过来以后，在甘肃待了一段时间。在甘肃打了以后又到了陕西，后来又跑到延安。根据地在延安，我们在西安那一带，西安有胡宗南的部队。延安就是那里很小的一个县，现在搞起来了，现在很大。那时候地方都很艰苦，那是老百姓的地方。

长征走的地方老百姓、少数民族还不错的，有的伤员不能走，是让老百姓保护起来在家里面养着了，就在地方保护起来了，最后就当地方的骨干了。你现在到边区去，老百姓都知道红军走过那个地方，现在的老人都还知道红军。

三大纪律八项注意，那是党的政策，长征路上到处宣传，到处都唱，抗战的时候还唱。老百姓都会唱，农民也都会唱，小孩就更不用说了。

通信员、勤务员、警卫员、侦察员、步兵我都当过。长征那时候我就是个小孩，在团部当通信员。部队在前面走，我就跟着走。最后当侦察员，去侦察敌人的情况。刚开始的时候是当红军，抗日的时候当八路军，解放战争的时候当解放军，抗美援朝的时候当志愿军，就是这么走过来的。现在休息了。

第四篇

从四渡赤水到巧渡金沙江

金沙水拍云崖暖

安仲华

长征要走很远的路，但是我没有动摇

2016年6月22日于贵州省贵阳市接受采访
生于1919年，红四方面军通信员

我是安仲华，1935年在四川青川当的兵，部队是红四方面军三十一军九十师二七九团。

刚参军的时候没有什么想法，那么个年轻娃娃有啥想法，有碗饭吃就行了。长征要走很远的路，但是我没有动摇。我们部队的人，没有一个退缩的，没听说过。都只有跟着走，跟着红军走嘛。你动摇到哪里去？动摇以后你一个人跑出来，地主、国民党都杀你的头，连你家人都杀光，你敢动摇？只有一条路了，干到底了。

长征哪有不苦的，没有东西吃还不苦？没有鞋穿，没有衣裳穿，没有饭吃，不苦吗？就算再苦也不能跑，跑了以后就没命了，你敢跑吗？不能跑的。

我参加过悬马关战役，参加过千佛山战役。打千佛山的时候，是晚上打仗，敌强我弱，我眼睛受伤了，差点瞎了。受伤后就送到医院，送到卫生队，其实就是一个临时的简易的救护所，也就几个护士。

卫生队是跟部队一起走的，一直移动的，哪能固定，哪有地方固定，固定不下来。受伤比较重的伤员也尽量转移，实在没办法了就去老百姓家里，请老乡帮忙嘛。住到人家家里头，给人家点钱，叫人家养嘛。我这受伤还是比较轻的，跟着走，眼睛看不见，有战友帮忙，牵着嘛。敌人在后面追着，晚上走路，一个牵一个，就这样走着。

我是四方面军的，我没渡过乌江，也没渡过赤水，草地我过了三回，雪山爬过，党岭山、夹金山，都过过。最深刻的是过草地，脚丫子都烂了，都记得很深刻，水不晓得是什么水，脚丫子烂了。当时穿的是自己编的草鞋，用草编出来的鞋。我们自己也编，有时候老百姓也送鞋，送送草鞋，也是编的草鞋。

爬雪山苦不苦？没有东西吃，哪有不苦的，天上冰雹下下来以后，炊事班长顶着个锅，冰雹下过以后人都冻死了，哪有不苦的。

长征的时候，搞到啥吃啥，哪个还有固定啊，连草都吃，有啥吃的，搞到啥吃啥。牛马都吃，敌人骑兵被打死了，马的肠子都洗干净了，用水冲了还要吃。少数民族的地方，就是吃炒粑、炒面，青稞炒面。那个地方有钱的喇嘛把青稞埋到地窖里头，红军跟他们买，自己磨，都吃那个。

老百姓都跑光了还吃什么，没有老百姓了，老百姓都跑了。为什么跑了呢？敌人宣传，红军来了以后不仅要吃粮食，还要吃人，要吃娃娃，要共产，都宣传这一套，老百姓为啥不跑？敌人的反宣传厉害呢。他那么一宣传老百姓都怕了，都跑了嘛。了解我们情况的人都关系好一些，不了解的都跑了。老百姓送给我们吃，我们才敢吃，不敢抢老百姓的，抢老百姓的那得了啊，你犯法了嘛。他要送给我们吃，我们才敢吃，他不给你，你不敢去拿他的。

有的老百姓不在家，我们没有办法了，看到他的东西，吃了以后把钱给他放上，给他几块大洋。这个大洋哪里来的呢，就是打土豪，从土豪家里搜出来的。土豪也打我们，他们有不打的？我们跟他们是死对头，你说打不打嘛。一路上除了打土豪，还跟国民党反动派打。

那个时候晚上打仗多。为什么晚上打得多，敌人不防备嘛。为什么白天不打呢，白天目标大。懂不懂目标大？目标大就不好进攻了。晚上他看不到我们，我们事先有准备，夜老虎懂不懂，叫作偷袭嘛。

当时是怎么做宣传的呢，就是穷人翻身起来，打倒地主，打倒劣绅，打倒日本帝国主义，就这样宣传。穷人都拥护，地主都跑，都想杀我们。

到延安的时候我十七岁了，然后在延安住了十一年。延安是张学良占的地盘，后来张学良把延安让给红军了。我们那个时候在保安，离延安有百八十里路。后来张学良把延安让出来，我们就住到延安去了。

在延安的时候，经常能看到毛主席、周恩来。我在边区政府，毛主席来看他老师，就看到了。我的印象中，主席这个人爱抽烟，经常给我们做革命形势的报告。

刘吉成

有的草鞋一天就穿烂了……
只能光着脚板走，脚板全是血也得走啊

2016 年 6 月 23 日于贵州省毕节市黔西市
接受采访
生于1918年，红二军团战士

我是刘吉成，1936年2月参加红军的，部队是由黔西来到沙窝的红二、红六军团。当时的宣传就是告诉你老百姓参加红军，红军替老百姓说话，就参加了。

一起去参加红军的，一般我们有三十多的，有二十多的，还有四十左右的，我们十多岁的最少。为什么参加？中国人你不去我不去，哪个打天下，老百姓怎么才会得到幸福？

当时红二、红六军团是谁带着过来的呢，是贺龙和关向应。我们部队的总指挥是贺龙，贺龙是司令员，是总指挥。我们看到过他，在过金沙江之前还和他说过话。

当时在街上也有宣传的，宣传员一拍我，问小朋友你参加红军吗？我说参加红军，就站过来。我想的就是穷人没有饭吃了，参加红军和红军去打土豪分田地，心情就是一心为穷人谋利益，找出路。老百姓都晓得红军来是为穷人翻身的。

参加红军之后，我们参加了一个连，三个两个补充了部队。头天补充了部队，第二天就打杨家湾。后来在宣威打了两天两夜，打这个中央都来电。我们听到首长讲了，边打边走，打下来的伤员安顿好，不能走的就拖着走。打宣威这一仗我记得。

我们还没有过金沙江以前，有几个县的老百姓在金沙江边上欢迎红军，喊口号欢迎，也有的站在街上欢迎。当时金沙江的水急得很，有些战士都掉到水里了，金沙江要过得快。渡金沙江就是一个班或者一个排分给两个竹筏，要人推，划着一拖就走了。就是划着竹子，竹子多就拿竹子扎了竹筏渡江。

过了金沙江就进大山了，过雪山、草地了嘛。过草地的时候，一个是粮食没备足，走不动的就死在雪山上了。跟我一个班的，叫杨得元（音）吧，就死在雪山上了。下了雪山就是草地了，走着人把草踩断，有的陷落下去了，沼泽地啊。

那时候没有吃的，吃树皮，杀了牛马之后有马皮，把这吃了骨头都啃，有的人牙齿好。有一些人留在草地上了，留在草地上的不多。爬雪山牺牲的人多了，没有吃的嘛，没粮食吃饿死了，又累，地方高寒。有的战士睡着觉，盖着一个毛毯，第二天就起不来了，就死了。

当时翻雪山过草地用了多少时间我记不清楚，走出来是收庄稼的这个季节。我记得用了三个月不到四个月，出了草地都秋收了，差不多三个月多二十天，每一天都走了好多路。好多人光着脚板走，有的草鞋穿一天就烂了，第二天就不行了，就只能光着脚板走，脚板全是血也得走啊，你不走咋弄？当时是由领导带头走路，领导带头乱走不行。要去哪里？要到陕北。

我受伤是还没有出草地的时候，飞机炮弹炸的，炸了腿。当时打仗很危险，都豁出命去。打仗哪能不牺牲一些人？打仗要牺牲的，好多战友都牺牲了，专门有收容队负责。其实我都记不得战友的名字了，主要现在脑筋不管事了，脑筋不管事。

长征路上，我们有和四方面军会师，在甘肃边界上会师的。四方面军见到我们，大家都高兴，都欢迎，红军和红军互相欢迎，高兴了。会师后一起贴标语，都是贴的标语来宣传，说不要害怕，红军救你们穷人的，一般穷人就听进去了嘛。后来，四方面军有一些领导意见不同，比如张国焘不想到延安。四方面军部队人数是最多的，抗日战争的时候也被合并了。

我最后也到延安了。在延安开大会的时候见过毛主席，不是找我们谈话，只是看到过。到了延安几个月后就去西安，"双十二事变"以后我们不是开到西安去了嘛。长征结束后，我们部队跟其他部队也有碰面，就是1937年和东北军在西安开大会，和东北军、西北军都开会了，开大会后我们开上前线了，去抗日前线了。

后来我搞侦察工作，在团里搞侦察，1938年参加侦察工作的。侦察是在敌人后方，侦察敌人的兵力、兵种，侦察这些。做侦察要换上老百姓的衣裳。以前搞侦察工作，走个路都要保持紧张的，什么东西都要看一眼，现在脑筋不行了。

苏毅然

我们有枪,但过草地没有马就困难了,有了马骑就可以驮个干粮,所以我们就拿枪换马

2016年6月1日于山东省济南市接受采访
生于1918年,红四方面军后勤人员

　　我长征时在四方面军,不在军队里,在地方上,在财政部。我们那个时候在甘孜待的时间长。为什么呢?因为我们拿枪换当地人的马,他们需要枪。我们有枪,但过草地没有马就困难了,有了马骑就可以驮个干粮,所以我们就拿枪换马。我们就在部队里面找年轻人,背不动的长枪就拿出来换马。我们就在爬山时可以拽马尾巴,让马把我们给带上山,走山路就轻便多了。马也老实,我们就拽它,给它喂草,它很喜欢,你摸它哪里它都不踢。所以长征当中就办这么一件事,拿枪换马。

　　1936年时我是十七八岁。后来八路军到前方去了,到了延安,我就去了党校。我们在后方,没有打仗。大部队把路开出来,我们跟着走就是了。四方面军和一方面军会师后,后来分开了就各自跟着部队走。那个时候我就知道一个人,是后来八路军的高级领导张琴秋。张琴秋是鄂豫皖的。四方面军原来在鄂豫皖，从鄂豫皖到的四川，到四川后又跟中央红军在一块。我是只记得一些地方，甘孜、阿坝、大金川，三个县，乾隆皇帝打过大金川。我们跟大金川的西藏人关系搞得不错。我不知道怎么学会了看马，知道一匹马好不好，怎么学会的现在也记不得了，可能就是跟藏民学的。

少数民族地区，就是甘孜、阿坝，那个时候不知道羌族，只以为他们都是藏人，我就到了那里。先在甘孜、大金川，后来到阿坝那里。1935年在那里过了一年，1936年我们就跟中央红军、二方面军一块过了草地，到了延安。

部队打到天全、芦山，我们就到丹巴，从老百姓那里弄到了粮食，有粮食我们就能过草地了。我们跟藏族的关系不错，我们给他枪，他给我们一点粮食。我们拿着枪换粮食、换马，过草地，就这么就过来了。

一、四方面军分裂的时候，四方面军就有口号叫"红军南下行，要打成都城"。中央说我们没有条件在那里创造根据地。为什么呢？打不过四川的敌军。四方面军就跟着中央红军，一路就过了草地到了甘肃，就没有事儿了。从甘孜、阿坝到甘肃，一到甘肃就算过来了，就是活了。

我们过草地时就吃干粮，那个时候有一口袋干粮就非常幸福了。爬雪山的时候、过草地的时候战士有冻死的、饿死的。

苏智

我妈在后面撵,我妈脚小……
她撵不上,回去了,我就这么参加红军的

2016年7月5日于陕西省西安市接受采访
生于1920年,红四方面军护理班长

我是苏智,四川省巴中市通江县人。我是12岁参加红军的,开始是在红四方面军。

当时红军住在我们家,走的时候问你参加红军吗?我说我参加。他们走了,我在后面跟着走。我妈在后面撵,我妈脚小,我跑得快,她跑得慢。跟了半天,一看后面没人了,她撵不上,回去了,我就这么参加红军的。

后来回家了,当兵七八个月我回了一趟家,回家看了看。我妈这次还是不让我走,我跑了,再没回去了,一九五几年回家看了看,我妈都不在了。

参军后第一个就是过大渡河。当时大渡河桥过不了,看到水浪很高,桥也很高,搞不好就掉下去了。我怎么办呢?过不去,害怕。人家给了我一匹马,水没到马脖子上,光露个脖子,我就在后面始终拽着马尾巴,马把我拖过来了。我拽着马尾巴,脚没踩到地,在水上漂着,脖子在上面露着,拖过来的，大渡河我就这么过来的。大渡河的桥，搞不好就摔下去了。

前面还有敌人堵着，敌人在山上，用炮火。他们在炮楼里，你要过，人家拿机关枪扫，不让你过。后面敌人跟着你追，你不过也得过，过来了就活着，过不来，被枪扫着就掉河里了。但是谁也顾不得看谁了，就顾着跑，就那样过来的。我年龄小，精，从人家身旁钻，有个空空就钻。当时死的人也不少。

后来爬雪山，都是晚上爬。爬到顶上，第二天早上天明了，就从山顶上往下滑，坐着往下滑，滚。爬雪山走了半个多月吧。

过雪山，过夹金山，上去空气稀薄，一年四季只有6月有一天不下雪。腿踩下去都冻了，有的脚下去拿出来拇指头都冻掉了，雪深。所以说，走过来的都是幸运的。空气稀薄，上到顶上就赶快往下下，不下不行，没有空气了，有的战友就死上头了。

我见过四个人牺牲在雪山上，但是跟我不熟悉。走着走着走不了了，空气稀薄，他们坐那儿起不来，拉都拉不动，就起不来了，死那儿了。

我年轻，小孩子，大家跑，大家走一截，跑一截，逗着我玩。我那时候小，十几岁，就这样稀里糊涂的，不当个啥就过来了。有年龄大的，走不了，空气稀薄，气短，有病的就不行。

看到走不动的，大家拉他，扶着，给他棍子。实在走不了了，那也没办法。有的还抬一抬，抬也不行了，人少，自己顾自己都困难。那时候死的人比较多一些，没办法。

爬雪山脚冻坏了揉揉，拄个棍子，不能走就坐那儿，没办法，没有担架，没有人抬，能有什么办法。那个时候自己都顾不了自己了。

那时候没啥吃的，猪吃的草都弄来吃。一边走一边拽，拽一大把。到晚上，在树林里拾把柴火，弄个缸缸，把火烧了煮菜叶子，把喂猪的叶子煮了吃。没盐，没油，就那样吃，只要肚子吃饱了就差不多。

最苦的时候，马屎、马尿都得用上。天气不太好，下点小雨，马蹄子踩的窝窝，尿的尿，人没有水喝，趴着都喝。马屎，是马吃的苞谷，吃的杂粮，拉出来在地上，碰着了，就拿着洗一洗，晚上拿缸子煮着吃。

白天走着，没有鞋，没有袜子，赤脚。冻了就用柴火烤，没柴火烤啥？但是雪山里头哪儿来那么方便的柴，就那么拐着腿走。

想起过雪山，咱们这些人苦了，没吃没喝奔过来了。到现在党给咱的待遇好，想起来自己很难受。

我们行军的时候，天上飞机，地下大炮，上头丢炸弹，地下机关枪扫，我们都走过。

我们跟一方面军会师，大家都很高兴，都觉得会师了力量大，高兴得不得了，喊的喊，叫的叫，跳的跳，蹦的蹦。

我当时在部队搞医务、搞宣传。因为是女同志，年龄也小，只能搞医务、搞宣传。

当医务人员，抢救伤病员。在战场上，战士打伤了就弄到担架上抬着，六个或者四个人抬一个担架。我们人小，抬担架的时候，下坡难走，上坡趴着。抬伤病员，抢救伤病员都干过。下来还得给他们换药，给他们吃喝，还得照顾。

我参加了很多次战斗，印象最深刻的是百团大战，八路军一百个团。我们的战友受伤了，有时候就跟着部队抢救。但是抢救了多少人，想不起来了。要讲事实，不能讲虚的，对不对？人家有材料，人家也掌握着。

那个时候药品少，消毒的就是盐水，用磺胺粉，其他的没什么好药，就是这样。磺胺粉是最好的，盐水洗伤口，做消毒。

我们怎么做宣传的呢？就是打土豪，分田地，为人民解放，为人民生活好。中国共产党是为人民的，为人民服务，党的政策是好的。咱们那个时候宣传党的政策，我们不杀俘虏，还优待照顾他们，跟他们讲政策。我们部队抓回来的俘虏有儿女、妻子的，也都放他们走，还给他们吃喝，还照顾他们，跟他们宣传党的政策，就是优待俘虏。

开始国民党宣传，说红军杀人、放火，跟老百姓宣传后，老百姓就跑。但是我们红军一到，一宣传，老百姓跑了的又回来了，他们不相信国民党的，相信我们的。我们不抢老百姓，不用老百姓的。用他们什么，借他们什么，用了就还，借了就还，这是事实，老百姓都相信这个。

长征印象最深刻的是艰苦，没吃，没喝。没有走之前，准备干粮，一个人一个米袋子装了就背上。那时候部队的纪律严，一天给你吃三两就三两，二两就二两，多吃是不行的。

当时跟我一块参加红军的只有一个，我一个，那一个死了。他是过草地病死的，比我还年轻一点，身体也单薄，这个苦受不了。

我之前是个文盲，没上过一天学，部队培养我上了学，学习过一点东西。军事、政治，都学了，但是文化不多。后来组织批准我在抗大上的大学，那是在军事学院，是一九四几年了。

第五篇

从巧渡金沙江到
飞夺泸定桥

——

大渡桥横铁索寒

李峰明

我们现在是半藏民半汉人，藏语会说一些

2016年6月22日于四川省甘孜藏族自治州炉霍县接受采访

生于1920年，红四方面军战士

我是李峰明，是红四方面军战士，是在嘉陵江边参加红军的。

我们因为一家人是长期的船工，国民党把我们的船弄走了，等于是抢走了，我哥哥就跟着船一路走了。我的父亲在那儿给打了，因为国民党喊他驾船过来，他不肯，国民党那个时候就把我父亲的竹竿给打烂了。老百姓那时候也多，老百姓来得多了，国民党他们也害怕了，就没有再打了，但我父亲还是被打得几个月没有办法下地。

我哥哥跟着船走了，后来我哥哥回来了，说到过离县城有六十公里还是多少的地方，就是这样说的。哥哥一个人在船上走了两个月还是三个月，一直是哥哥一个人。他说国民党把船弄走了咱们可咋办，我们一家人吃饭都靠这个了。哥哥就把我带上了，跟他搭伴，我们在那个船上又走了两三个月。后来妈妈就到了，妈妈舍不得我们，丢不下我们两个，妈妈又来了。妈妈在

第五篇 | 从巧渡金沙江到飞夺泸定桥——大渡桥横铁索寒

这儿待一段时间以后又回去了，又回去照顾父亲。父亲好了以后也来了，母亲也来了，所以我们全家人都在船上了。

到了后来红军就来了，占领了保宁府，国民党那时候就跑完了。那时候把所有的船弄起来，花了好多好多时间，所有的船全部要拉到江口去，我们全部都集中在江口了。船全部收拢之后就把船给毁了，毁了以后这些人就参加红军了。这一路经过了雪山、草地，走了丹巴、阿坝等地方。过去的时候这个地方不叫阿坝，是后来红军把这块儿名字改成了阿坝，所以现在就叫作阿坝。我们就是那样子过来的。

我参加红军时，有一个浮桥，桥被弄断了。弄断了以后红军来了就过不去，我们把那个桥赶紧弄起来，那个必须要弄起来。我们说没有问题，他们问我们要什么，我们就说要竹子，他们就说竹子没有问题，二十来根就够了，然后他们就去拿竹子。红军来的人很多，二十多个人，有的人拿粗的，有的人拿细的，每条长度一样，把竹子结在一起就组成了桥。断了再把它接起来就不好弄了。可能花了二十分钟左右，就把桥给接起来了，这样大家全都可以过了，这样子的话，红军就过去了。

就这样子，我父亲他们把嘉陵江的浮桥给搭建起来了。红军说我们要来谢你们的，但是因为今天太黑了，明早你们早些起来，我们要来人感谢你们。

第二天，我母亲早早地起来就把开水烧好，然后他们也早早地就来了，船上都站满人了。红军背着大米、白面，说你们原来没有吃的，你们拿这个可以暂时吃一段时间，吃完了你们可以再来取，你们原来没有吃的，红军来了就自然有吃的了，这样子就把我父母安抚住了。

那时候我父亲在，母亲也在，我可能就是十二三岁，我哥哥比我大两岁。话讲完之后，红军就问我们说你们可以参加红军不，我父亲说可以参加红军，红军是为穷人办事的，我们就是穷人。这样子，我们就参加了红军。

参加了红军，红军要走的时候怎么办？桥和船这些都要处理，要毁。毁了以后就参加了红军，参加了红军以后就组成了一个船工会。那时候人很多，每条船上都有人。有的船上三个人，有的船上两个人，有的船上一个人，我们船上四个人。我父亲、母亲、哥哥还有我，我们就是四口人都在船上。

从那儿过来了以后又到了另一个地方，在那个地方红军就自己造了船。我们会开船，除我们一家人外还有两个人，我们大概是六个人的样子。我们开船，从2月开始一直开到了7月中旬。后来红军就转去过草地了，就北上了，我们跟着红军就走了。

后来我母亲走不动，过头道草地的时候就把脚板冻坏了，走不动了。有一天团部就牵了一头牛来，派了三个人来，就把我母亲放在牛背上了，然后前面的人牵着。那牛不走，所以后来就有个人在后面赶牛，前面使劲牵后面又赶，结果牛惊动了，就把母亲给摔下来了，摔下来以后就把腰给弄断了，这样他们几个就害怕了，赶紧去团部把医生请过来了，医了半个月才把腰板给医好。

我父亲脚板带着伤，就一点一点地走着。母亲也是在草地里面把脚板给冻掉了，不能走了。红军就把我父母喊到那个地方的教堂，就是外国人的房子，跟我们说，现在你们怎么办，大家一起研究决定把你们留在这个地方，这个地方坝子平又大，汉人也多，语言也通，今后你们过生活也好办事情。现在你们两个老人家走不动了，实在没有办法过草地。

我们本来打算跟着红军走了，把父母留下了。红军就跟他们说，你们两个老人家看，如果可以把娃娃放在我们的部队里来，我们就把他们两个带走，你们说不能放，我们也不强求，你们两个说了算。我父母亲说，现在我们两个人老了，你们把他们两个带走了的话，我们喝水吃饭也不行。这样反映上去以后，上面就同意了，我父亲也老了，母亲也老了，脚板也不行，红军就把我们一家人留在这个地方了。

留下的时候，红军说我们把船给你们留下，你们可以开船，你们可以弄这个来过生活，生活也有保障了，这样子给你们三条船，你们用一用。但是三条船后来都被敌人打烂了，一条是在石桥上面给打烂的。后来老百姓就组织把船捞起来，捞起来以后用铁板修补，这样子就把船给整好了，我们就可以开了。

后来红军把我们住的地方也安排好了，之后就过年了。他们说先把年过了，有什么事儿再通知你们。我们说本来想做事情，但是我们没有事情做。红军说不要紧，先把年过了，红军可以给你们安排事情做。

我们落脚的这个地方叫炉霍县，是一个相对富裕的地区。炉霍县留下了一千多人，这是不少的。这些人怎么办呢？

这些人有些是病了的，病了不能走的，就是走不动的。有些是带伤的，也是走不动的。有些是身上挨了枪不能走的。红军没有那么大的力量了，最后下决心就在炉霍县留了人。当时说的是一千多人，但是在红军走后，有些人就陆续走了。那个时候有船也好，但是没有船。有的就在抗日的时候遇上鬼子了，有些女人的衣裳被脱了，她就没有办法走了，就跳河了，这样子死了的人也有。

留下来的人，你们家安排一个，他们家安置一个。这样子留下来的有些人不肯走，因为这儿有吃的，没有吃的过不去，但是吃的也不够，所以这样子也有走了的。我们一家人就是自己拿了自己吃，红军给我们安排，吃干的也好，稀的也好，给我们照顾得很好。照顾得好是因为那会儿的那个桥是我们去帮忙架的，所以红军对我们一家人来说是相当可以的。他们把我们留在了一个苏维埃的围堰，这个事现在你们懂得还是不懂得，我不知道。那是过去的红军的组织，就是红军安置的人留在苏维埃的围堰里面，把我们安置在那儿。

留下来的人也死了好多。有一个是我们的同伴，他的妹妹在成都，她回来过，还来看我了，还给了我一些钱。现在她的爱人在成都，她也在成都，他们有好几个孩子都在成都工作。

原来红军来的时间，县长那些都跑了，最后红军走了一年多，国民党才慢慢来的，来了以后把三条船都打烂了。这个地方是没有磨子的，要到河对面去推磨。两岸当时不能过河，大家帮忙把这个船拉起来以后，就把它给修理好了。

当时生活的来源第一个是开船，第二个是挖河边的东西，是蘑菇之类的吧，困难得很。我们那个时候挖东西也挖不到，那时候很困难。有时候一天一个人可以挣两三分钱。后来我们还买了种子来种菜，之后去卖菜来挣钱，这样子过生活的时候也有。

我们把这个船整理好了以后就在那里开船了。那时候就是过一个人给一点东西，有些人过的时候是给的，有些人是不给的，我们也不敢要东西，你有就给我们一点，没有就算了。冬天开不了船，春天就可以开了。有时候春天来了就可以等涨水，水涨得差不多了就可以开船了，这样子就靠船来挣点，就是这样子过生活。

国民党来了以后，我们弟兄俩因为是红军留下来的人，就只能藏起来，藏到了山坡上。然后我们的父亲给我们送点茶，送点东西，一天送一趟。就这样，在那个山坡上我们住了一段时间。

老百姓里面有个姓李的，觉得我们在山坡上住身体吃不住，就把我们弄回来，弄到他们的家里面然后关起来。白天不敢轻易出来，没有人的时候就把我们放出来，然后晒晒太阳，给我们理理头发这样子，这个地方很好的。

这个姓李的人现在没有了，去世了，他们家现在都没有在这儿住了。姓李的这家人是汉族，他们是岷山人，他的后人现在一家人都在康定。他们还有个女儿在这个地方，在什么单位我不知道。他还有一个儿子，好像是林业局的局长。

留下来的人也比较多，都是当地老百姓来帮助的。解放初期的时候还有一些人的，现在好多人都去世了。还有一些人的女儿在的，儿子在的少一些。我们家来说原来四口人，现在就剩我一个人了，现在是四代人了。我们现在是半藏民半汉人，藏语会说一些，但不是很通。我们这个地方艰苦都不算什么了，什么苦都吃完了。

解放的时候我父亲还在的，我父亲是1951年11月去世的。我母亲是解放后1952年的7月去世的，我父母亲就这样在这个地方去世了。最后大家都要听地方上的一个规矩，就是这里是火葬。我们把他们给举起来烧了，最后就变成了灰，这样子就轻了，轻了然后再去安排，最后就倒到了河里面。我父母亲的骨灰就这样处理了。

最后，我想用藏语说几句：毛主席万岁！中国人民解放军万岁！红军长征万岁！红军胜利万岁！

陈云忠

我们四川人是天不怕、地不怕的

2016年7月8日于湖南省长沙市接受采访
生于1914年，红一方面军侦察兵

我是陈云忠。我是1934年12月份参加红军的，我的家乡在四川省古蔺县，当年毛主席的部队从江西来到我们四川，打了几仗以后，他们就往贵州方向走，我就跟着他们走了，他们叫我小鬼。他们是江西还有其他一些地方的，讲的话我也听不懂。而我的话有些他们也听不懂，以后慢慢地，就听明白了。

我总说我们四川人是天不怕、地不怕的。我出来之前放过牛、挖过煤。我晚上下煤窑挖，白天就拿去卖。那时候挖了好多堆，一堆一堆地堆起来。天亮以后，地主就从这里面去挑，哪个好就给他们了，剩下的就给我们挖煤的，我们拿袋子装上就带回去了。

地主家里面有很多东西，有钱财、粮食。红军刚来的时候，好多人就跑了。因为那时候国民党把我们红军宣传得很难看，说牙齿是什么样的，眼睛鼻子什么都是乱比画,让你感觉很吓人,就不像人。

那时候我们见到他们,他们就走到我们跟前说:"你们怕不怕红军呢?"他们有宣传,那时候我们就说我们信一半不信一半,慢慢地才相信了红军是好人,开始的时候还不敢相信。那时候我们都是小孩子。我参加红军时是在红二师一个军团的侦察连。参加这个军团的时候,主要是有些四川话他们听不懂就让我讲讲。他们也给我讲红军的事情,那时候就说他们主要是打土豪、分土地,对穷人也很好。

毛主席当年就在这个军团。那时候经常看到毛主席,因为我是侦察兵,我们是侦察部队。侦察部队就是毛主席走在哪里,我们就走在哪里。中央到哪个地方去,首先就是把我们侦察兵派出去,我们看了知道那儿没有事儿,回来就告诉侦察部队,告诉中央。前面有事儿我们就回来报告说前面有事儿,我们就掩护中央的部队通过这个地方。就是这样子走的,侦察兵是很重要的一部分。那时候我受过伤。

在路上侦察的时候,最危险的就是在小河子,我们在那个地方的窄道上把敌人赶跑了,最后部队从那儿通过了。部队过了以后也没法通知到我们,后来我们才走的。那时候敌人从山上包围过来了,我们才知道很危险,那时候就是子弹打,而且走这个山路,他们比我们要强,那个地方他们比我们熟悉。

长征途中最难忘的,除了泸定桥以外还有一个乌江。乌江水很大,山又高。我们到了乌江,再架浮桥,过了浮桥以后才上山,上了山才到的遵义。那里有一个大房子,我们在那看了一圈就回来了,告诉他们没有事儿。当时中央到了遵义以后,上面派我们走了。

中央在那里开完了会,遵义会议确认了毛主席的领导地位。那时候我们要打贵军，还没打完，国民党蒋介石的部队要打我们，我们就转到了云南的一个县，叫扎西还是什么地方。到了那里以后，国民党没有再追我们了，我们又回到了贵州，从贵州我们又过江，和红四方面军会合。我军在那时候很苦，最后中央决定四渡赤水，第四次回到了赤水。到了赤水的时候，太平路那里有个太平桥，打仗那时候国民党有枪，我们就从太平桥又转了回来，又转到了贵州这边来。

贵州这边的山很多，也有很多少数民族，说的话我们也听不懂。我们家乡也有一些少数民族。我们在贵州时就是在遵义的下面，我们休息一下，然后就找了船，后来就转移了。

打泸定桥就是在我们家乡的时候，那时候有一条大河过不去。国民党的部队在河北岸，我们在河南岸。国民党大晚上走，又下雨，他们需要打火把。我们有些打一点，有些不敢打，怕暴露了。我们连长是一个东北人，到了那天晚上的时候，他说你们有什么好东西就穿上，穿上我们就出去了，走上了山。山上有很多的刺，扎着我的衣服。连长说快走快走，一定不能让敌人发觉。就这样一直走，走了一天一晚才到了泸定桥边上。当时国民党的一些民团就在那里的碉堡放哨，我们到了泸定桥就把民团赶跑了。其实也没怎么打，他们看到我们红军就跑了。

敌人走了，我们就到了桥头，我们侦察连就在泸定桥的桥头堡住下来了，等着后面的部队。后来，后面的部队来了，来了就说："你们辛苦了。"杨成武那时候是团长，他就接了我们的班，之后我们就离开了。

泸定桥过河的时候，那时候有十八个还是十九个英雄，就是把着铁链子连打带爬，然后就爬到对面去了，这十几个人那时候几乎都牺牲了，还有一个后来当了副司令，现在不知道到了哪儿去了，我也记不清他的名字了。

我们的部队打过去以后，问老百姓借上东西，然后到桥上一块一块板子地铺，几个人团结一起弄，就这样铺过去了。最后知道泸定桥胜利了，我们侦察连很高兴，特别高兴。过了泸定桥以后我们就到了一个什么山，我不记得了，然后我们就从那座山往上走，然后我们在那个地方还稍微休息了一下。后来那一段我也想不起来了，究竟是什么山还是什么路，我也记不清楚了。

之后又过草地。我们快出草地时碰到了少数民族，国民党的部队在树林里面，我们也不知道是什么人，结果就没有去，返回来了。返回来以后就上了夹金山，山上很冷，我记得当时还是拽着马尾巴上去的。上了山又是太阳，又是雪，打仗的时候就赶紧走，赶紧就往山下滚。下山以后就到了毛儿盖，毛儿盖那里有四方面军。我们下去后就碰见他们了。

长征路上我也看见过女红军。你说她们是红军吧，感觉又不像；但是说不是吧，她们还穿的红军衣服。那时候害怕把人搞错了，怕敌人混进来了。侦察兵就是要很细心，就是要把这些情况侦察好。

一起出来的四川战友，长征路上有牺牲的，也有开小差的。一路上就看上级，上级让你走你就走，让你休息你就休息，就是这样的。我们就一直走，走得多睡得少。那时候没有别的办法，就是跟着红军，跟着毛主席一起走，其他的也不多想，就是想着要一起走，也不想回去，回去以后地主要杀你。

陈本初

那时候很冷，每人拿了四两辣椒，吃了辣椒防寒的

2016年7月14日于湖南省湘西土家族苗族自治州龙山县接受采访
生于1920年，红二、六军团战士

我是陈本初，1935年在湖南省龙山县召市镇参加红军，加入的是萧克、王震的红六军团，当时在湖北、在湖南的张家界苏区一带都战斗过。

红军当时在湖南的澧县、石门等地战斗，我碰到了贺龙元帅。我当时是卫生员，只有十五岁。贺龙元帅摸了摸我的头，说："小鬼，欢迎你参加红军，参加革命。"

我的长征是从湖南桑植县出发的，那时候当地老百姓热烈欢送我们，他们一路相送，走了很远，叫他们回去都不回去。经过湖南安化县时，老百姓为了欢迎红军，摆那么高的桌子，上面有猪头，有蜡烛，欢迎红军。

长征开始时，领导给我们做动员，主要是关于怎么安排，下一步怎么走。那时候很冷，每人拿了四两辣椒，吃了辣椒防寒的。

在甘孜跟红四方面军会师后，我们大家都很高兴，分到了一双毛线袜子还有衣服裤子，还分到了一根那么长的马鞭，心情肯定是兴高采烈的。

我在十七师新兵连，连长姓胡，江西人，师长则是苏杰。打板栗园的时候，苏杰身先士卒，冲在前面，当兵的在后面，所以这样他中了流弹死的，他是指挥官。苏杰师长是我的恩人，没有他就没有我的今天，就没有我今天的生活，就没有现在的幸福生活。苏杰牺牲的地方离他的老家远，他没有亲人，我就是他的亲人，从1960年起我都会去给他扫墓。苏杰的孙子叫作苏晓华，是海南的一个总会计师，听说我给他的爷爷扫墓，2002年还专门来看过我。

我们要忠心不变，对党要忠诚，对红军要忠诚不变。

第六篇

从飞夺泸定桥到大会师

——

帐月席茵刀枪枕

杨光明

革命就是为了要走光明的道路

2016年7月27日于北京市海淀区接受采访
生于1922年，红四方面军战士

    我叫杨光明，是四川省乐至县宝林镇阳家湾人，我们那里都是姓阳的。上私塾的时候家里给我们弟兄两个取名字，我叫"阳光明"，后来我弟弟叫"阳光亮"，取明亮的意思。我原来的"阳"是太阳的"阳"，参军以后他们一写就写成"杨"了，后来也没有改。为什么叫"光明"呢？革命就是为了要走光明的道路。

    红军第一年到我们那里时，我们不了解红军是什么样的，所以就出去躲起来了。第一年红军只待了三天就回去了，他们是收复阵地，国民党的什么九路围攻、六路围攻，是这个情况。

    第二年红军又打回来了，那时打国民党二十九路军田颂尧的部队就是在川东打。打回来就到了我们玉林镇，下乡做宣传，以后又成立了苏维埃。苏维埃成立了赤卫队，就是现在的区分队那样的。那时候赤卫队有一个标准，就是你家里面三个人要出一个,五个人要出两个。阳文家里是三个儿子,于是就出一个去苏维埃工作了。那时候我们还比较小,他还大一点,但我辈分比较高,算是爷爷辈的。他回来以后,我们就问他红军怎么样? 他说红军好得很,你看打来的红军虽然说有点儿紧,但是管我们、接我们的人,那是和气得很,家里的父母有时候还打、还骂,他们就没有这个,后来还给我们讲红军是专门为了我们穷人打天下的。

我那时正在上私塾第二年,就是学习孔子,后来学也不能上了。我从小就很安分,小时候在街上看演戏的,我就说我去学学戏吧。家里人说学戏你唱不好那会打你的,我说打我我就不干了。后来国民党来了,我们那里有一个人在团队里面,他带了一支枪回来了,就被查下来了。查到以后,晚上就把他吊到院里梁上,问他把枪藏在哪儿去了,不说就前心、后心地烧他,我一看心里就说国民党怎么是这样的。后来他就被抓走了,抓走了以后就再也没有回来。那时候我们在家里也穷,也没有饭吃,又苦,我就觉得到红军这里找出路是最好的,可以解放穷人,以后我们就自由幸福了。因为红军那个时候要分田地,也是对家里面好。

为了争自由,为了有幸福的生活,为了有饭吃、有衣穿,我加入了红军。1932年的一天,我跟我一个叔叔一起放牛。我们两个人是在一个院里的,他比我大一岁,他十三四岁,我十二岁。我们两个就把牛拴在一个地方,然后跑去参军了。

当时我们就一直往山上跑,一直跑到太阳快落山的时候,才跑到宝林镇上。看到红军在那里一个平坝上面做游戏,我问到这儿来了以后找谁呢?人家也不理我们,我们就站在那儿看。一会儿有一个连的同志来了,他说你们这是看什么?我们就说我们想当红军。后来我们才知道他是指导员,他问你是多大岁数，我说我十二岁，他十四岁。他说你们年龄太小，还不能当红军。我们就苦苦地哀求，说我们家里面是怎么样地贫穷，我们受到了地主阶级的剥削，我们就想来当红军，家里面能够过好的生活。我虽只有十二岁，但个子长得比较高，就现在来说，四川的人像我这个个子还不算矮。好说歹说，最后指导员把我们收下了，那时是在红四方面军三十一军九十三师二七六团机枪连，那个机枪原来就是水压机枪，边打边往里面加水的。

1934年10月，我们跟随红四方面军开始长征。那时候听说中央红军要到四川来，我们四方面军要迎接中央红军，然后会师，所以我们就赶紧去了。中央红军就是朱毛的军队，有一个老兵讲得跟写书一样的，就是说"要过太平年，遍地生朱毛"，那时候老百姓就传说这么一个话，说是要去迎接红军。

迎接中央红军那时候我们在嘉陵江以东，他们离我们很远。过嘉陵江要打四川军阀田颂尧的部队。那时徐向前、陈昌浩他们在苍溪县北边的毛尔山（音）上指挥，就在宝林、苍溪选了两个突破口过嘉陵江。我们三十一连就在苍溪那儿渡的江。

国民党在那里做了好长时间的工事，有鹿砦、有碉堡，但是我们很顺利地渡过去了。当然他们有工事，工事之间交通口，交通口之间还有修的碉堡。工事前面有鹿砦，鹿砦就是看这个树枝，树枝朝外，树枝的底下有的还埋有地雷，所以要打他，就是要破坏这个障碍，比打正式的工事还要困难，又没有掩护。就那样，我们红军的战斗部队还是有经验了，也事先做了训练，那时候用土炸药炸那个鹿砦，也就打过去了。

我们是后面走的，前面已经过去了，我们就可以坐船渡河。像我们这些剧团里的小年轻的，还是比较不受战斗的影响，就这样过去了。前面已经把该占领的渡口都占领了，该投降的敌人也都投降了，该打死的打死了，所以我们从后面过就比较容易。

渡过去以后，为了迎接中央红军要继续往西打，过了嘉陵江以后就打剑门关，剑门关也很难打。过江以后，我们调到了宣传队。宣传队的工作就是走得困难的时候在部队里面唱个歌，喊个口号，加油啊什么的，到了地方以后就是做群众工作。

那时候打仗的时候就唱战歌。一开始我们唱苏维埃的歌："我们红军专打地主资本家，保护苏维埃中华……"记得不很清楚了。还有什么打田颂尧，我们一个要打他四个。那时候也演一些剧，演人民群众喜欢看的一些东西。

我们打剑门关的时候，还写了诗做宣传。剑门关自古以来有很多人在那里打过仗，诸葛亮、张飞他们都在那里打过。那个仗打得很苦的，有很多伤兵从那上面掉下来了。打完剑门关以后，我们又继续前进，准备跟一方面军会合。过了剑门关就剩巴中、江油，前面就到了毛儿盖了，中央在那里开会。当时派我们二十六团到千佛山那里，因为千佛山离四川成都比较近，为了防止敌人从那面过来偷袭，所以我们就往那面去了。

千佛山也没有什么，高是高，但是那里树林比较茂密，所以人烟稀少。三十军他们是最先到的，就是李先念那个军，他们是最先和一方面军会师的，在懋功会的师。我们三十一军整个在后面都是掩护总部的，都是老走后面。

那时候遇到一个特殊情况，就是我得了疟疾，四川叫打摆子，一般就是在下午吃了午饭以后开始发作。有的是一天发作一次，那是比较轻的，要是一天两次的就比较重。到了北川县，我们走的土门，我从那个地方就跌下去了，战友把我拉了起来，继续前进，就是要上千佛山。

我打摆子是一天一次，那时候部队也没有药，就这样走。部队是急行军，当天要赶到千佛山山顶，从那里可以看到成都平原。我开始还可以跟上，后来部队越走越快，团里就派了两个人拉着我走，再后来实在走不动了。走到最后，遇到了收容队。恰巧收容队的队长正是我参军时的指导员。我到了军团以后很少见到他了，他说："小鬼你怎么搞的，怎么掉队了？"我就把我的情况跟他讲了一下。他说："来，你跟着我走。"那一路都是爬坡，最后实在走不动了，还有一些路，他就背着我走。

我在连里面的时候，给指导员当过勤务兵，我们两个很熟悉，感情也很好。他给我讲过很多革命的道理，所以我对他的印象也很好。我们晚上睡觉的时候都是在一个床上，他在晚上还给我讲革命故事，就像对着小孩子一样。他说："来，我把你背着走。"背着走了十来里路，就把我送到团里面，团里面送到卫生队，吃了饭、吃上药以后慢慢就好了。红军长征路上，这件事情是令我最难忘的。为此我专门写了一篇文章，题目是《阶级情，同志爱》，《解放日报》等都登过的。

我们受党的教育，同志间的情谊是很深厚的，指导员真是领着我走向革命道路的一个启蒙人，第一个人，所以我一直记着他。他叫周科榜（音），是湖北人，但是究竟哪个县的我不知道，当时他也就是二十多岁，挺有文化的。那之后我们又见了一次，以后就再也没见了。

到了什么时候又见了指战员一次呢？就是在三原会师以后，八路军过黄河要北上抗日的时候了。走到陕西富平县的时候，我们正好在同一个村庄休息，他那时是一二九师的。碰上之后，他说你不是杨光明吗？我说指导员你怎么到这里了？然后他就问了我的情况，身体怎么样啊，有什么困难没有啊！我说我现在已经长大了，你放心吧。他问你现在跟着谁，我说我现在跟着供给处的处长。他说你好好工作，好好学习。我说你放心吧，现在我长大了，我一定好好地跟着部队，跟着共产党革命到底。他又嘱咐了一遍，就这样见了一次。

爬雪山我们是在南下以后回来的时候，那里叫作夹金山。我们早晨天不亮就出发了，必须要在12点钟以前爬到山顶，否则你就过不去了，因为路程很长。我们天不亮就出发了，但是前面有人走过了，我们在后面走，慢慢地走，那个雪山那是很难爬的。往回看的时候，那都是平地，往上走就是越走越高，最后路也很险。我们后面的人都得踩着前面人的脚印走，一直往上爬坡，就是这样慢慢地一步一步地爬。那时候我是小孩子，也还可以，就一直跟着走往上爬。快到中午的时候，已经爬到山顶了。

爬到山顶以后就有要求，就是不能随便讲话。那时候说要是你讲话，那狂风暴雨的冷子（雪崩）就要打你。路很窄，我们过的时候就是手牵着手，踩着前面的脚步慢慢地走，不能乱走，踩虚了下去以后就没命了。炊事员都背着一个锅，有的就掉到沟里面去了。只要掉下去，绝对是没有救的。

我们那时候还好，也没有下冷子，也没有下雪，那一天天气也好。第一次过雪山时，翻到山顶以后就下坡了，人就是坐着雪往下滑，就像现在的人滑雪一样，一直滑到天很黑了，就下到山底了，到了山底以后就休息了。那一次虽然雪山难走，但是我们还算顺利就过去了，因为那个路前面已经有人给踏出来了。我那时候还小，就跟着走，领导照顾，所以还挺好的。

第二次是过党岭山。党岭山是另外一座山，第一天我们住在丹巴，那是一个寨。那时候我们也没有什么干粮，在丹巴那个地方住下，也没有去拿牧民的粮食，就是萝卜菜填点肚子。那时候我们要遵守他们的风俗习惯也不能去干扰老百姓。行军到了党岭山底下，那里有一个矿，我们就在那里休息。那里还有小的温泉，可以泡泡脚，但都是泥浆子。人们说一定要在12点钟前翻过山顶，否则党岭山的风雪比夹金山还要厉害一点。第二天早晨天不亮我们就走了，到中午的时候，我们就到了党岭山的山顶，那个地方森林茂密。

我们到了山顶也没有吃东西，就是赶紧翻，因为风也很大，我们往下走的时候就好像是风吹着你走。我们手拉着手一直往下走，不走不行，那都是跑着走，就是这个风吹着你走，就那样走下山去。前面也有走的，那里有牺牲的同志也是见过的。走下山去以后，那时候就到了西藏比较大的一个城市……但是我们不能进城，就在城外面，像我们打上海一样，就睡在大街上。

就是这么爬了两座山，夹金山主要是雪大，党岭山主要是风大，算是过来了。红军有教育说革命是不能怕苦的，要艰苦奋斗，只有跟着党、跟着红军才有出路，我们这个思想是很牢固的。就是不管你去到哪儿，你回家是不行的，回家以后国民党是要抓你、杀你的头的，所以后来我们到了陕北信都不能通，通信了家人是要遭殃的。

我们三十一军还是在总部的后面，算是掩护总部的。过草地的时候，我们开始是在阿坝自治州那里做的准备，一个人准备带二十天的干粮，就是青稞，有的是能磨的去磨一下，有的不能磨的就那样装在袋子里面。准备好了就过河，过河的时候没有船，都是人蹚过河上去的，衣服什么的都湿了。一个人背着20斤的柴，过了河的时候烤一烤，身上都打湿了。

草地山并不是很高，就是一道一道的梁子，也有树林，草也多。这个里面最难走的是水草地，水草地就是现在电视里演的那个烂泥坑子。前面的人陷下去了以后，你是拉不上来的，一拉把你也陷下去，这个只能往下陷，那就是和稀泥一样,所以这个就很惨,明明就看着但不能救,有好多同志在外面就看着他下去了,下去了以后你又不能拉他,那你说怎么办呢?有的同志为救人也就陷下去了。所以我们就是跟着前面的脚印走,这个水草地走起来非常难的。

过草地的时候,说下雨就下雨,说下冰雹就下冰雹。忽然天一阴,一过来就是打的冰雹,我们戴的斗笠都可以打破,头上打的鸡蛋那么大一个冰雹,就是那样厉害。就是那么一阵子,打过了以后就过去了,就是这样一阵子一阵子地打。

那时候最困难的一个是自然条件的困难,一个是没有粮食吃。因为走的时间长,准备了二十天的粮食,走得也吃光了。前面还好,有时候还可以找到一点粮食吃,吃树叶子、吃野草,那是真吃。后来野草卫生部也教了哪些可以吃,哪些不可以吃,有的吃了有毒的话那是不行的,这个是事先进行过教育的,树叶子也是可以吃的,草也是可以吃的,那时候吃的就是野葱、野蒜,这些是可以吃,其他有毒的东西不能吃,这是事先做过调查,做过动员的。我们三十一师在后面掩护总部走,前面去的人有些粮食什么的也差不多搞光了,大部队行军吃光了。我们在后面也是没有办法了,他们骑着马,后来牲口也吃了,他们也就走了。

我们开始穿着皮鞋,那个皮凉鞋也是用火烤一烤,然后再刮一刮,然后就烧了吃,还有皮带也是那样的,用火烤,烤了以后把它刮一刮,然后煮了吃。过草地的时候是没有盐吃的,人是没有办法没有盐的,于是就把所有能吃的东西都吃了。我们在后面走的时候,前面有青稞,那个青稞麦子是很硬的,消化也很困难。前面有的吃了青稞,吃了以后就在路的旁边大便。通过雨水冲、太阳晒,我们看到路边上有一堆一堆的,就说他们怎么把干粮倒在这儿了？咱们赶紧去找一找，用水把那个给再煮一煮，这样继续吃，到后面不以为这个是人的便了，反正觉得能吃，也能解决肚子饥饿的问题，所以后面最困难的就是没有吃的。

那时候草地里面还有藏族的骑兵，他们就从我们这里冲开过去就走了，还有胡宗南。胡宗南他一直和我们闹，到了海南岛还是他，他老是跟着，从四川到草地，都是他一直跟我们打。前面有人堵你，后面有国民党的追兵。我们的枪支弹药也没有来路，那时候也没有收缴到敌人的，你打也打不过，所以过草地是最困难的。没有吃、没有穿，也没有弹药，医疗就更谈不上了。有的老同志，身体差的，晚上我们睡在一块，背靠着背睡了，第二天早上醒来，说不定他就走了，走了就把他埋在那个地方，把红军的八角帽戴在头上。

西安事变以后改编了八路军，那时候大家都不愿意戴国民党的帽子，但是上面就说这是大局，所以我们就把红军那个帽子保存了，我的红星帽一直保存到了东北打仗。打仗的时候全部的东西都丢了，后来我还写了一篇文章，题目是《红星在我心中》。

过草地就是前有难后有追兵，再加上自然条件困难，红军有毛主席的正确领导，党的教育我们还是很牢固地记着，跟着毛主席的正确路线走出来了，所以才有我们今天的幸福生活。第一次我们是在草地里面走了两三天就过了，后来又和一方面军走，他们在前面会师，我们在后面就没有继续走了，会师那时候就停下来了。我记得有一个地方叫作四门坝（音），在地图上还可能找得到，还记得那个房子是什么样的。那里的人是藏族，藏族当时住的是藏寨碉楼。楼下是牲畜住的，二层是人住的，三层就是晒粮食、存粮食的地方。所以我们就住在那里，等着前方看看究竟是怎么样的，究竟是怎么走法，所以以后他们就在前面开会，我们就在这里休息。

后来我在回忆录里就写了，懋功会师以后，红军就在两河口开会，这是过草地时最后一个会。开会的时候就决定了北上要怎么走，确定了左路军、右路军怎么个走法。有些一方面军的部队到四方面军来，四方面军的部队到一方面军来。那时候五军团在江西，董振堂当军团长，1931年12月14日，我记得他们是在那时候过来的。三十军编到我们这里来了，我们就把五军团分到一方面军了，就组成了两个队北上抗日。后来我们还到卓克基，也就是西藏那个开会的地方看过。

后来走着听说红二方面军要来了，他们要到了，然后二、四方面军在甘孜会合。会合以后经过了一番斗争，张国焘南下是错误的，后来中央再三劝解。张国焘他在一大时当选为中央局委员，是很有影响力的，他带领着部队，这个不是他一个人的问题，所以毛主席说张国焘同志怎么样怎么样，很尊敬他，因为他下面的部队不是张国焘一个人的事情。当时有朱德、刘伯承他们和张国焘做斗争，你们看纪录片《长征》也看到了，讲了他们的斗争。那时候他对朱总司令也不客气，朱总司令对他也不客气，所以最后朱总司令他们跟二方面军的任弼时、贺龙、萧克共同说服张国焘，他也就放弃了另立"党中央"，最后放弃了跟毛主席的对抗，放弃了以后就从甘孜又重新过草地，重新北上到陕北。在甘孜会师以后，张国焘分裂党、分裂中央、分裂红军的问题就初步解决了，但是在思想上没有解决问题，到了陕北以后出事了。

那个时候过草地，我们三十一军一直是跟着总部后面、掩护总部的，所以前面的三十军，像五军团他们在前面，陈昌浩他们都到了西路军，他们就走了。我们走到那里以后，准备也过去，后来胡宗南把路封起来了，我们两个军没有过去，所以以后我们又等着，二、四方面军在甘肃会宁会师。会师的时候我在部队上，没有看到那个场面，大家也是欢欣鼓舞的，二、四方面军和一方面军会师。出了草地以后，一方面军派部队来接我们，刘伯承他们还来接我们，那时候很高兴。上面传达说我们要到陕北根据地去了，毛主席去那里了，大伙儿说这下子我们可有救了，胜利了，就是这么一种心情过来了。

以后慢慢地各归各路，战斗部队编成了三个师，后面我们就到了队里，就到红军大学，以后叫抗日军政大学。庆阳有红大的第四科，一个教导师就在庆阳，我们就到那里去了，所以说出了草地以后，还是比较顺利，也比较高兴。因为前面有毛主席带领着红军他们先过去，路已经给我们走出来了。

陕北根据地的老百姓那是不一样的，我们到了环县，这一带是红军的，总的来说不像在草地那么困难了，前堵后追的情况没有了，就剩下走路了，我们就这样走了。我们到了庆阳，还第一次看到了汽车。我们从小没有坐过汽车，西安事变以后来了汽车，特别是我们小孩子，就围着看。那时候我们学习新东西，现在叫俱乐部，那时候叫列宁师，以后又改为救亡师。我们年纪小，学新文字，那时候叫新文字，学拼音，还挺好的。

在长征路上，我们做宣传工作一个是写标语，然后贴出来，写红军是怎么样的，这是一种形式。另外就是开大会，演文明戏，就是演一些新的剧，唱歌跳舞，然后就对比着演，让老百姓看看红军怎么样，"官兵"的情况又是怎么样的。

还有我们也到前面去过，行军有的时候就先爬到最难走的地方，给大家唱歌、跳舞、喊口号，就是做这么一些事情。小孩子们也还挺高兴的，我们也觉得挺高兴的，我们就先走一步，走在部队的前面，走到一个高坡上，就是走最难走的地方，迎接主力部队到来。开群众大会前，我们就到下面去给群众写标语，动员群众来参加这个会，就是做这么一些事。我觉得那一段生活还是挺有情趣的，是很有意思的，那时候也是小孩子，就做这么一些事，也没有像现在的手段那么多的表演。

罗光里

共产党的正确领导，使这些人有信仰，有决心，跟党走，长征路上就过来了

2016年6月25日—26日于北京市接受采访
1918年出生，红四方面军卫生员

我是罗光里，四川省苍溪县人，十五岁参加红军。

我家里啊，我爸他们呢是三兄弟，我爸是老三，我们家一共有六个孩子，因为生活困难，老五早去世了，还剩下大姐、大哥、二哥、三哥和我。我父亲住在山头上面最穷的地方。那个地方靠天吃饭，要是不下雨啊，稻谷都种不成，就得种白薯，别的东西是种不成的。

我们那个地方土匪挺多的，我父亲被土匪打死了。我小的时候身体弱，母亲把我背上到处逃荒来养我，一直把我养到八岁。我能够干活了，我妈就给我找了一个富裕人家去放牛，一直到十五岁，我都是给人家帮工。现在说是打工，那个时候是帮工。1933年，徐向前他们部队进了四川，我就想去参加红军，我哥他们嫌我太小，让我以后再去。后来，我妈让我去参加红军了，那年我十五岁。刚参军没有衣服穿，红军里面的两个女同志，一个人给了我一件上衣，一个人给了我一条裤子，这样我就成了红军里面的一个战士。

刚开始参加红军，我年纪太小，被分配到连队的司务长那里，跟着司务长去买菜。有一天，司务长为了给部队改善生活，就买了一头猪，那头猪呢，六七十斤的样子，我们赶回来在乡村住下，就把这头猪放在乡村里面的一个猪圈里，结果那头猪跑出来了。那个时候呢，我买菜，公家给了我一把小把枪，配了五发子弹，给了一个手榴弹，还是不响的，是装样子的。这头猪跑出来以后呢，我就告诉司务长，猪跑出来了怎么办呢？司务长说那就看你了，死活给我弄回来。这是我第一次打枪，一枪就把那头猪给打死了。司务长表扬了我，连长却批评了我，说一颗子弹要打一个敌人，你为了打一头猪，浪费了一颗子弹。司务长讲情，把我给带回来了。过了一段时间，我就到连队里面去了。

后来我被分配到连上当战士。有人问我叫什么名字啊。我说了我家里的小名，我就没有大名。他问那你哥叫什么呢？我说我哥叫罗光明。他说那这样吧，给你取个名字叫罗光里，所以我在部队上有了个名字叫罗光里。过了一段时间，领导看我身体强壮、脑子灵活，就让我在这个连队里面当通信员。那个时候的通信员啊，要不怕死，能跑路，东西不能丢。那个时候天天打仗，没有一天不打仗的。白天打仗，晚上走路，这就开始长征了。过了江以后啊，我们就开始往草地里面走，印象中当时也没有组织大家要准备什么东西。走的时候啊都是穿着单衣，穿着草鞋，自己随便带一点干粮。走了一两天以后啊，每一个人给发了一碗炒面，说这一碗炒面啊，你们要节省着吃，要吃三天。一碗炒面吃三天，那怎么行啊，不知道他们怎么吃的，拿到我跟前的时候，我一顿就把这碗炒面吃了。为什么呢？因为在路上啊，又累又热又渴又饿。在这一路往草地里面走的时候，有的人就饿死了，有的过河的时候，没有劲儿，就淹死了。然后到了草地，进了少数民族的地方。因为国民党宣传说共产党、红军是吃娃娃的，是光抢光欺的，所以老百姓全跑光了，剩下的家里也没有粮食。我们就捡地里面剩下的零零碎碎的粮食。我们到那里去了以后，非常困难。

我们在草地一直走，找不着粮食吃以后怎么办呢？找少数民族的人买牛，那个地方是牦牛，买来一个是做干粮吃，还有一个就是把皮子剥下来，弄两块皮子，一块当个皮夹穿上，一块套在脚上当鞋穿上。那会身上穿得少，很冷。

后来听说一方面军过来了，我们的部队那个时候是徐向前带一部分人去迎接，要翻夹金山。这个夹金山啊，山高，还刮风。老百姓说，一到山上，不能说话，不能打枪，不能唱歌，老百姓他不知道这是气候的问题，说是惊动了神啊，就得刮大风，下大雪，你就不能过去了。我们过去把一方面军接过来了。这一方面军啊，那比四方面军还困难啊，那部队啊，也是穿的单衣、草鞋。

我看着有一个扛机枪的同志跟咱们四方面军一个战士交换东西，他说你给我一碗炒面，我把这挺机枪给你。他说他现在饿得走不动了，机枪也扛不动了。我们这个战士说，我的干粮也不多了，我就给你一碗干粮吧，机枪你还是自己扛上吧。他拿到这碗炒面以后就吃了，他说，机枪我扛不动了，我给你留下了。所以一方面军那个时候也是非常困难啊。

后来毛主席带上部队啊就走了，北上了，张国焘带上部队就南下，一直到了天全、芦山，天天打仗，那一带啊天天下雨。

到了天全，我们那个时候的武器，最多就是机枪，连迫击炮都很少，可是国民党呢，那个时候啊有机枪、有小炮，还开着铁甲车同我们打。它不叫坦克，是铁甲车，就是那个运兵车吧。在天全那个地方打了三天三夜，打得非常紧张。

最后把他们打垮了，他们退了，再往前走就走到了四川的芦山。在芦山这一带啊，因为下雨路滑，打了一个礼拜，那可真是打得紧张得很啊，我们牺牲的同志也不少，这一个礼拜，把芦山打下来了。

芦山打下来以后呢，这个离重庆就近了，国民党蒋介石着急了，他就把部队调过来了，把军衣都换成了便衣，一直从小道往后方插，一下插到后面来了，咱们的部队吃大亏了。这仗打下来以后，牺牲了很多人，我们就退啊，往后退。退回来以后，就翻夹金山，这是第三次翻夹金山。夹金山翻过来以后又翻大雪山，大雪山翻过来以后呢，就到了甘孜。甘孜那个地方呢，有国民党在那里培养的两个营的部队。

进了甘孜县以后，就在甘孜县组织老百姓进行宣传、教育，还组织了慰问队跳舞，那会儿就是跳的少数民族的舞蹈，开很大的一个欢迎会。战士在甘孜住了有三个多月，就给老百姓家家户户、前前后后打扫卫生，清理道路，种树，在各条街上种柳树。那个地方种柳树也好活，就是挖上坑埋上，就活了。

再往后面走就到了靠西藏的边界，在一个村庄住下，准备干粮、准备衣服。那会儿所有的战士都学会了轧毛线，下面用一个土豆，上面用一个棍来轧毛线。轧了毛线，就请老百姓给我们织衣服，织头套，织袜子。

后来，二、六军团也从夹金山过来了，就到那里去同四方面军会合。后来我听说是中央的同志要二、六军团到四方面军这边来的，同四方面军一起北上抗日。

等到二、六军团来了以后，咱们会合一路，就是第三次过草地。我们这一部分人走前面，二、六军团走后面。准备的干粮都不充足，我们这批人走在前面把能够吃的树皮、草根等能吃的东西都吃光了。二、六军团过来啊，那才真困难呢，草皮、树根都吃不上，都没有了。出了草地以后，二、六军团还不错呢，还带来一门小钢炮，两发炮弹。出了腊子口以后，到了岷县，我们准备把岷县打开，结果岷县的城墙比较高，攻不倒，二、六军团来了以后用高炮，打了一炮以后，把城墙打开了一个口子，可是呢，咱们的力量还是不行，所以这一次就没有攻下这个城。

军阀鲁大昌在腊子口外面一共修了十三个碉堡。里面装的粮食、布匹、衣服，准备在那个地方阻断红军，不让红军出来，准备长期在那堵着。可是我们这些人出了腊子口以后，肚子都挺饿的，也没有劲了。部队的司务长说去买粮食，转了一圈，说这里有敌人，老百姓也不敢出来，买不着粮食。但看到外面有一大片土豆，一大片。跟咱们首长说了，首长就跟大家说，那就这样吧，咱们把这一大片地全包下来，大家住在这地里面，去开饭吧。所以每人都到地里面去，用刺刀，用棍子，有的用手，就挖土豆。那个时候，咱们穿的衣服啊，都是毛线纺的呢子衣服。用衣服把土擦擦就吃，吃饱了以后，十三个碉堡一下攻下来九个。碉堡里面有衣服、布匹、白面，前面的部队这下可是有东西吃了。衣服也统统换成了国民党的那个衣服，换下来的衣服堆成了小山一样，过了两天一看啊，衣服全都没了，都叫老百姓背走了。那个衣服啊，穿到身上倒是挺暖和的，最大的问题是长了虱子以后，你没有办法。那虱子啊，你在这边抓它，它跑到那边去了，在那边抓它，它又跑到这边去了。于是，两个人弄一堆柴火，点上火，然后把这衣服一烤，虱子掉到火里面，好像撒了一把芝麻一样地啪啪响。那些年岁大的人，他懂的事多，开玩笑说，你们怕什么啊，皇帝身上还有三个御虱。这样呢，就是打出来了，一方面军、二方面军、四方面军，也就会合了。

后来，到了陇西县城，这一仗打得很漂亮，招呼的东西挺多，从早上天一亮开始打，打到九点钟，把陇西给打下来了。我们缴获了不少的布匹，这个时候啊，咱们供给部的说，妇女先锋团穿的衣服都比较困难，给妇女先锋团的同志做一身漂亮的衣服。什么帽子、服装，后来他们说这叫空军服，挺漂亮，挺好的，妇女团的同志全换上新服装了。

这个时候没有准备过黄河，后来呢，又组织了西路军，还是要过黄河。准备是五个军过去，过去了三个军，敌人的部队赶来了，飞机大炮也来了，结果把我们渡黄河的船给炸坏了，所以后面的两个军没有过得去。一共是三个军，三个军过去以后一直往西打，开始打得相当漂亮。

我们渡黄河的时候，第一个晚上取了三只小船，结果走到黄河中间，这三只小船被水冲到下面去了，敌人的哨兵没有发现，咱们三只小船上的人看到是敌人，船也不敢要了。人都回来了，船丢了。第二次在古堡口（音），侦察好了以后，第二次过河。当时咱们部队休息的时候，精神饱满，身体也挺壮的，武器弹药也相当充分。虽然没有重武器，但是有机枪，还有小迫击炮，还挺不错的。这一打过去，就把后边守候的敌军部队一下子打垮了，咱们三个军过去了。这山顶上面，有厨房，一部分是汉人的厨房，一部分是回民的厨房。咱们就在他们的厨房里面准备早饭。在准备开饭的时候啊，敌人的飞机来了。咱们正好来到敌区啊，有一个好处是山坡上有很多的石洞，我们的电台，我们的机器，就都被运到了那个石洞里，没有受损失，还挺不错的。我们打得相当漂亮，而且很勇猛，其原因就是敌人没有准备好。到后来，时间一长，敌人就有了准备，把其他地方的部队都调过来了，在一条山打了一天多，那次打得真惨啊。

在我的脑子里面，印象特别深刻，在长征路上，女同志这一路啊都是担架队，十个人有五个人抬担架，有五个人背上这十个人的东西，这一路他们比男同志都辛苦。男同志在长征路上很少抬担架的，长征路上，没有医院也没有药品，为什么妇女先锋团抬担架抬得多呢？路上遇到的病倒的，或者走不动的人，都是她们抬上走的。

所以这一路啊，我看着她们真辛苦。过河，水淹到肚脐上面了，就是那样，都得抬上担架过河。这些先锋团的人，长征的时候是不能掉队，不敢掉队，而且非常辛苦。长征以后，妇女先锋团的同志都分到各个师去当护理人员，去护理伤病员。我负伤时，有一个十八岁的姑娘来护理我，她一个人护理了三个病号，她护理得太好了，太关心伤员了。给我的印象比较深的是，她从厨房炊事员那弄的南瓜子，烤了以后就给我了。她护理的另一个人，就是子弹伤了神经了，不能走路，不能说话，还有一个人呢，腿打坏了。所以她一个人在路上要悉心照顾三个伤员。

受了伤以后，我能够挺过来，就是因为她们照顾得好，担架抬得好，那会儿我个小，她们不想把我丢了。到了高台这一带以后啊，她们统统变成了战斗人员了。那个时候已经顾不上关心和照顾伤病员了。那个时候是总医院在城里，总后勤在城里，宣传队在城里，妇女先锋团在城里，就变成主要的战斗人员了。敌人是用大炮轰城墙，把城墙打垮了，妇女先锋团的成员抬土往下面撒一层土，再往上面泼一层水，就是这样撒一层土、泼一层水，撒一层土、泼一层水，这样把缺口堵起来，这个可是非常困难、非常辛苦的，她们也是非常不怕死的。在那样的情况下，做这样的工作多危险。只有红军，共产党领导下的红军，绝对不怕死。一切是为了老百姓的，所以她们呢，把生死放在一边了。这些人啊，都是把这个个人生命放在一边了，在这儿守了三天三夜。那个时候我还能活动呢，我也是一个战斗人员。

　　守了三天三夜，高台失守了，来了通信员告诉我们的，医院的院长说高台已经失守了，你们赶快走吧。天不亮，什么东西都没有了，手里只有大刀、梭镖，有的枪也没有子弹了。出去以后就是跑步，跑步三十里，那女同志受了伤的，打了腿的，一直流着血，在路上我就看她一直流着血。两个人扶一个人就那样把女同志带上了。进了山里面，有的年轻人啊，快到解散的时候，都躺在地方说我们实在不行了，我们走不了了，我们没有办法走了，希望你们给我们一枪，不要让我们当马匪的俘虏受罪去。可是那个时候啊，大家都是革命战友啊，比亲兄弟还亲啊，谁能说我就给你一枪啊，没有这个决心啊，所以能走的帮着不能走的，就统统进了山里面。

　　进了山里以后，上面就告诉妇女先锋团到一个山头上去扎营，那个时候晚上是零下四十度啊。去了以后发现山上太冷，但是枯草、干树挺多的，随便一弄就是一堆，所以妇女先锋团的人就把它弄在一起，生一堆的火，就在那里取暖，等着上面的命令。可是他们不知道啊，就是扎营生火，把敌人的进攻方向给改变了。九军还有少部分人，三十军的还有两个团，都从林外一个方向穿过去，逢山上山，逢崖就往下滚啊，往下坠，我记得我那天晚上从很高的那个山顶上哗哗地就下去了，不知道怎么下去的。

　　敌人就把妇女先锋团团团包围，把她们全部俘虏了。我们这部分人，到了山顶上，和九军的少部分人，三十军的少部分人，就在山底下战斗。咱们没有子弹的，都是用手榴弹，手榴弹也不多了。到了天黑的时候，敌人也疲劳了，我们也困乏了，就停止了战斗。于是，咱们这些人就到了上面山头上看见徐向前他们在开会呢，开会决定怎么办。总指挥部开会决定，分三部人，一部分人到新疆，一部分人到山里面去打游击，还有一部分人啊，就是伤病员，大概有四百多人，里面有团级干部，有营级干部。其他的两部分人走了，那个时候我伤还没有完全好，领导说你有伤，你也跟着伤病员走吧。我也不知道当时是怎么样安排了，好吧，那我就跟着走吧。

我们这一批被抓了，关到了监狱。西安事变以后，党中央给蒋介石提出来，不能杀政治犯，不能杀俘虏。监狱外面的一个放哨的国民党兵，说你们这些共产党的甘娃跟我们活出来了。甘肃年轻人叫甘娃嘛。我们就问他什么意思，他说啊因为西安事变，让蒋委员长不能杀你们。他们把我们弄在一起修马路，后来有同志说不让我们修了，让我们把东西拿回去放在仓库，叫我们赶快走。

就是这样我们过了黄河，到了兰州城，在一个车站里面休息着，我们带头的就到了兰州八路军办事处，去商量怎么样能够到西安。兰州的办事处想办法搞了辆卡车把我们送到了西安。

西安有个女子大学放假了，正好我们在这个学校里住下。在这里一住下以后啊，马上西安八路军办事处的、宣传队的，就给我们弄来咸菜、馒头，一个人两个馒头，那个时候西安的馒头真好吃，非常干，加上咸菜。那会儿河南正是遭水灾，有很多的难民到了西安。正好河南这些难民就烧开水，一壶开水换一个馒头。两个馒头那么大吃不了，剩一个换一壶水。到西安住了三天以后，组织上就拿了表让填，谁是共产党员，谁是团员，谁是干部，谁是战士，填好了表以后，就征求我们这些人的意见，问你们是愿意到延安呢，还是愿意到武汉呢？

我们当然是愿意到延安去了。回延安要走路，到武汉坐火车，那我们走路也愿意回延安。走了十多天路就回了延安。

所以我们说啊，长征路上非常艰苦，非常困难，长征是怎么完成的？是共产党的正确领导使这些人有信仰有决心跟党走，长征路就走过来了。

刘占荣

听党指挥就是一个好党员

2016年7月8日于湖南省长沙市接受采访
生于1921年，陕北红军少年先锋连副班长

我是刘占荣，陕西省延川县人，1935年十四岁时参加的红军。那时候扩军，扩大红军是自动报名，家里父母肯定是同意的，但是要走那是不行的，所以我是不告而别，采取了逃跑的办法。走了一天一夜，到永坪红一团少年先锋队里当战士。到了连队以后指导员考核写字，写的"毛泽东"这些字，我都认识，指导员说这个小孩子不错。就凭这点文化，打劳山时就把我调到了宣传队，宣传队都是男的，没有女的，就是跳苏联舞、工人舞、儿童舞、海军舞这几个舞，唱歌就是配合陕北舞了。有一个歌是《三大纪律八项注意》，那时候就是唱这些歌，还有信天游什么的有很多。

参军后第一次号召我就跑到队里，协助班长把敌人打退了。第一仗爬云梯要组织敢死队，连长问谁报名敢死队，我说我报名。他说你刚来的小子你懂吗？我说我懂。结果我爬着云梯就掉下来了，但是把敌人打下来了。

陕北红军和二十五军会师是在1935年八九月份，我们八月还是打横山，这一仗打得不错。打完横山以后，上面命令南下，南下和二十五军会合。就这样与红二十五军会合了，把我们编成二十五师，二十五军包括我们和七十五师、七十八师三个师，徐海东是军长，刘志丹是副军团长兼参谋长，程子华是政治委员。

那时候连长说横山县要经过三亩地，三亩地穿鞋子不行，就光着脚过去了。到了永坪这一带是光着脚，那时候我当副班长，让我去领鞋。我们当时十一个人领了十一双鞋，我穿上以后觉得真不错。你到二十五军去参观，人家装备好，穿得也很整齐。从那儿以后陕北红军也学二十五军改了服装。

开会师大会的时候我们都在最后面，那时候我们都是小孩子，那时候人也很多，台上很多人也看不清，也不知道哪个人是徐海东，我就认识刘志丹。喊的是"共产党万岁""打倒国民党"这些口号。中央红军毛泽东、朱德，四川徐向前……这时候我们都知道了。开始的时候就知道刘志丹，那时候都是互相传说的。刘志丹是总指挥，那时候我们叫刘总指挥，他很年轻。他没有讲话，都是上面的领导讲话，骑马过来我们看到刘志丹就觉得很了不得了。

大会以后，部队马上就整编到各地去了，我们是到一个村庄住下来了。第二天晚上就出发了，南下准备打劳山。那时候时间很紧张，我也不清楚走的是什么路，鞋子上尽是泥巴，打仗很艰苦。

打劳山的时候我是宣传队的副队长，我们喊口号：东北人去张学良的部队。唱的时候他们就听，这里边有蒋介石的人监视他们，因为那个时候张学良的部队规模也很大，大是大，但是打得不怎么样。

直罗镇战役是中央红军到陕北第一仗，直罗镇战役我没参加，我们就没到直罗镇，我们打的是榆林桥，也是张学良的部队，也是打胜了，把团长俘虏了，后来又放回去了，这样对说服张学良起了很大的作用。打这几仗时我才十四岁，也不懂什么，也不怕死，人家说冲我就冲，人家说怎么就怎么样。那时候叫敢死队，实际上是突击队。什么叫牺牲，这些都不懂，就靠着这股劲。开始发的是大刀，后来不错给我发的是短枪，那时候是短枪五发子弹，打了一发还有四发，就这样参加战斗。

榆林桥战役我们是在正面，二十五军是在侧面过河的。我记得很清楚，二十五军机枪打得好，我们陕北红军是步枪，那时候就是这样的枪，机枪不多，一个连有四五条。我们那时候的团长和营长是兄弟两个，哥哥是团长，弟弟是营长，我就是归他指挥，打的是一个碉堡。那时候敌人守着，我们也没有冲，他们也没有冲，后面是敌人打上来了，这时候想起来也是不简单的。那年我还过了榆林桥看了一下，当时的地形以现在的眼光看真是打不成仗，可是那个时候就是根据地形部署军队。

打到山城堡，张学良的骑兵师师长就退了，凡是张学良的部队就都退了。那时候我们一个师统战部长在张学良部队里面当师参谋长，是个地下党。他通知说明天敌人要打中共你们要注意，但是张学良的部队已经投降，你们放心好了。

打完张学良的骑兵师以后，我们在那的任务就是守住城门，掩护张学良的部队撤退。上面命令我们晚上就和张学良的部队喊口号。我们那时候就是喊口号、唱歌。喊口号的时候，大家就都认识了。有一个营长是东北人，我们两个人处得挺好的，他们给了我一个背心，他们的背心很漂亮，后来有人要，就说你再去要一个。我们那时候的政治部主任是李子兵上将，有一部书里面写的有这个。

过了几天上面命令来了，凡是俘虏的张学良的骑兵，人一个也不准动，东西一样都不能少，连马、连装备一律退回。然后就把张学良的骑兵都退回去了。从那儿以后不久"西安事变"就开始了，那是10月，11月我们就向西走，到了甘肃的一个地方就发生西安事变了。后来再来的就是蒋介石的部队了。

会宁大会师的时候我们是八十一师，我们知道会合了，但是我们不知道是在哪个地方。那时候我十五岁，当了青年干事——排级的干部，已经不是宣传员了。

陕北红军陕北人多，我就认识一个团长、营长，连长我就不认识，师长也不认识。陕北人有一个特点，打仗勇敢不怕死，大家互相讲话少，唱起歌的时候陕北歌多，那时候我们就唱歌。

陕北红军装备不行，装备还不如中央红军，中央红军苦是苦，但是他们的装备好，轻重机枪都有。我们是旧枪，就几发子弹。1936年的时候大概有那么几个子弹，也不多，其他的都是空的。到了1936年底的时候，服装就好了，也整齐了，红领章、五星都有了，装备也好了，装备是从敌人手里夺来的。

打仗行军的时候，陕北红军很艰苦，没有行李就是枪，你睡下把枪一放就可以了。睡觉那就是在一个炕上挤，挤不下就把枪抱住，只要不掉下去就行，那也没有办法。说起床马上起床，没有什么行李，也没有什么干粮袋，没有吃的东西了就把米饭装上当干粮。那时候年纪小，就是小孩，也不懂苦，人家说吃就吃，也没有什么碗筷。南瓜一下切个两半，把里面的籽一刮，然后这就是一个碗了，高粱秆一弄就是筷子了。喝水就是喝的河里面的水。

打陕北的甘泉县，敌人扎营的时候我们就去偷吃的，西安的大饼这么厚，我们饿得没办法就去抢。谁去？我说我去，就这样我们两三个人就去抢大饼了。那时候抢了大饼，连长、上面的科长都要吃，我说我再去。他们就说你个傻小子，可不敢再去了。那个用鸡蛋做的馅饼很好吃。

到了1936年，东渡黄河，渡完还没有两个月就又开始西征，红四方面军和红二方面军会合。西征是在抗日前线的，那时候我们到了山西东部。再后来打了几仗，就是打阎锡山的部队。

手榴弹是1936年东征回来的时候才用上的。手榴弹不能遍地用，必要的时候才能打，突围的时候才可以打。回来打安边，就是打城墙。我那时候还在八十一师三团，我们三个连，敌人冲到门口了，没有办法我和组织书记在洞口门前，团长、政委在后面，组织书记问你有没有手榴弹？我说有。赶快打，我说你打。他说你打，然后我就抽出来了，然后第一次打手榴弹，还打响了，把敌人打退了，这是第一次。

1936年还开了"八一"运动会，那时候是要打日本人了，这么长的棍子，有十五米到三十米，只要打到你，就表示把日本人打退了。那时候要求我们头发很短，要学会打草鞋，我打得不怎么样。

1937年整编，我们部队是陕北组织，就改编了。八路军开始是十八集团，把红军名称去掉我们那时候谁都不干，团长开干部会的时候说，咱们虽然是穿着国民党衣服，但是咱们还是毛主席领导，把共产党军队发展好，叫十八集团军。后来不久就改成了八路军，中间有这个插曲，我们编制是六十军团警备第一团，保卫延安、保卫黄河，这个任务很艰巨，党中央在延安，首先是保卫黄河，日本是非过黄河不可的。打了两仗，都不怎么样。我们连是重机枪，他们也是重机枪，打满是两千发子弹。那时候没有那么多的子弹，有几百发就不错了。

1938年，在延安，我被选为西北青年代表大会留守军团的代表，见到了毛主席。日本飞机第一次轰炸延安，我就在延安。那时候飞机来了，他们也不知道怎么躲，我还招呼他们，干了好事。

刚开始当红军的时候，我没有负过伤，在战斗中第一次负伤是在1947年。打得最厉害的是在陕西南部靠甘肃的官庄地区。敌人是胡宗南的一二三旅三六九团，我当时是教导员，还有一个是党委书记，上面的命令是正面抗击。左一次冲锋，右一次冲锋，我们一共七百多人伤亡七十多人，打得很艰苦。那时战斗英雄有奖状。

我们是彭总的部下，这仗打得很艰苦，从那儿下来以后我就升官了，当了参谋长，政治干部就变成了军事干部，就是军事和政治部都干过了，连长和指导员我都当过。

再一次负伤是在永丰，永丰战斗也是打胡宗南的一个团。我负责炸城墙，带着突击队准备炸开以后就突出去，把城洞也炸开了，下面的机枪的工事也炸掉了，突击队也到门口了，被上面机枪、下面手榴弹打到了，我就负伤了。我负伤了以后担架队从那儿抬下来，就到了老百姓家里面，被子什么的都是血淋淋的，我们给了老百姓两块大洋。我还想指挥，他们说副团长你负伤了，我一看裤管下面流着血，一下子就倒下了，但精神一直在坚持来着，那时很艰苦。现在弹片还没有完全弄出来，太碎了，跟米粒一样，这算是一个艰苦的事情。

打兰州时我也负伤了，那次是轻伤。

彭总指挥打宝鸡，正面防御是很厉害的。我们这个团，我是团参谋长，正在路上走，一个领导人过来了，问我们是哪个团的，我说我们是七团；又问我们的电话怎么没有通，我说通了。通了以后就让我们团在那里掩护部队，总部统一转移。那时候骑兵就在屁股后面追，我们刚准备好，敌人的骑兵就来了，我们就吹号说："你们缴枪不杀，缴枪不杀！"后来敌人被我们打退了。

那次防御战，我们一个战士在城墙上哭，我问你怎么了？他说我是机枪手，没有子弹了，我说这好办，把步枪子弹给了他，这个兵很不错，就是这么防御了半天，从中午防御到了晚上。结果彭总总部了解的时候听说我们这个团被敌人消灭了，团长都人家给俘虏了，就派了一个团过来营救我们，其实我们是突围了，那一次打得很厉害。

那时候没有办法，他们说参谋长你说怎么办，城墙也上不去，人家在外面看着你，怎么办呢？我们拿绳子吊，最后云梯上来，我们就把云梯推倒，手榴弹打下去敌人就上不来了，最后就连跳带蹦就下去了。跳下去就走不动，就那样坚持走着，就那样突围了。突围了以后，我们的牺牲也很大，负伤的也很多，那叫防御战，打得很厉害。攻防、突围、夜战都打过，这两次比较突出。

我这个人从小非常地倔强，我说参加红军就参加红军，我说参加突击队就参加突击队，我说放哨就放哨。连长说这个人很倔强，一般都给我比较艰巨的任务，什么侦察、突击都是我的事。夜间侦察可是不简单的，看不清，突然一下子就遇上敌人了，你又不能随便打，打草惊蛇也不行，就靠着这个傻劲就这样走了。

陕北红军那会儿，跟我一起参加红军的两个人都牺牲了。人家问你有没有事儿，我说没有事儿。我经过的艰苦战争不少，那时候都是解放军了。之前就是在陕北横山县、延长县打土匪，这些战斗我都参加了。

土匪是不好打的，陕北有一个土匪叫张廷芳，他是打一枪换一个地方，我们就负责剿灭他。我们前面是二连，没有打下来，后来我们就连续打，也知道连长牺牲了，连长姓李。我们采取的是调虎离山的战术，绕过去采取这个办法，打掉一个，他又来了一个，结果打掉他们八个土匪，最后张廷芳跑了，没有抓住。后来大家说你们九连打得好。我们打仗的时候会采取很多战术。

我当连长的时候叫"热火朝天"，就是干什么非干好不可。打仗非打胜不可，行军要是掉队了可不行。土地革命、抗战、解放战争、抗美援朝战争，其他所有的战争我都参加了，最后打越南我也参加了。

现在当兵，习主席说了，要有灵魂，要有本事，要有血性，要有品德，要"四有"才是一个好战士。我这"四有"都有，只要让我去，我能打胜仗。我不是吹，我步兵当过，炮兵当过。话是这么讲，但是去不了了。为什么呢？年纪这么大了，身体弱了，肯定不会让我去，但是我在精神上、思想上，我一定是招之即来，来之能战。强军之魂，听党指挥；强军之要，能打胜仗，思想上一定要有这个观念。

和在职干部同步，你准备打仗我也准备，一定要坚持学习。你说国防出行继续前进，我也国防出行继续前进。你说要打胜仗，我就打胜仗，为强军、行军贡献力量，我能够做到就做。

我退休以后就三件事，第一学习，第二锻炼身体，第三集中力量奋斗。我就这么三件事情，理想高于天！入党的第一句话就是拥护党的纲领，第二句话就是遵守党的章程。党的章程里面就有一条：党的最高理想和最终目标是实现共产主义。为共产主义而奋斗，为社会主义奋斗，所以我们在工作上、政治上一定是听党指挥，听党招呼，党让你干什么你必须要干好，党不让你干你就不能干。不能是马马虎虎的，不听指挥那是不行的。在政治上、在规矩上必须听党的话，不能超越红线，这是最重要的一条。政治立场不能移，政治方向不能偏。什么叫政治？听党指挥就是政治，抗洪救灾就是大事，所以要有政治观念。共产党你不讲政治，能叫共产党吗！政治立场要坚定！

要牢记我们的第一身份是共产党员，第一责任是为党工作，党的利益、人民利益高于一切，你没有自己的私利，所有共产党员你不要有自己的私利，一定是为人民，一切为了人民！党的工作高于天，要把党放在我们心中最高的位置。共产党是干什么的？就是解放人民，为人民服务，建设社会主义，实现共产主义的最终目标，就是这个。社会主义是一个长期的历史过程，初级阶段小平同志讲至少需要有一辈的人努力学习，我们的任务就是学、干，听党指挥就是一个好党员，这是我的看法。

前几年我还讲，我去抗洪救灾去。到战士面前慰问慰问、看一看，这个老同志挂着拐杖都来了，咱们都好好干，这不就行了？这不一定是你干，你能干的你要干好，你不能干的让别人干好，那也是一样的。

张斌

长征路上就是吃苦耐劳，不怕牺牲

2016年于广东省珠海市接受采访
生于1918年，红二军团看护班长

我是张斌。我是在湖南龙山参加的红军，在红二方面军第六师。师长是郭鹏，政委是廖汉生。我的家乡是四川省酉阳苗族土家族自治县（今属重庆市辖区）。我四川人为什么跑到湖南去当兵了呢？这段历史要从头说。我们家乡那一带土匪多，国民党派部队去剿土匪。可当时的情形是：你说是土匪都是土匪，说不是土匪都不是土匪，其实都是一般老百姓。我们这一带的山区出桐子树，可以打桐油。这里桐子树多，一家都要捡几十担桐子，打桐油就要打几百斤，最少的都要打几十斤。一些外来者就来抢我们这边的人和物资，我们这儿也集合人再抢回来，就是这样的情况。

来我们这"剿匪"的是国民党贵州的部队，因为我们那里离贵州近，下来"剿匪"差不多有半年时间，部队回贵州时，从抓的"匪"中挑了十多个小孩拉去学吹号，都是十一二岁的。我那个时候才十二岁，也被国民党拉丁。到了湖南，我因为拉肚子被丢在路上，要不是一个老长工救了我，我早死了。

我父亲那时候已经被抓起来坐牢，后来饿死在里面，在酉阳龙潭。龙潭是很有名的一个小镇子。龙潭做小买卖的人比较多。从龙潭坐船可以坐到武汉，拉桐油一般拉到武汉去卖，因为武汉工厂要用桐油油船。

我参军应该是在1934年3月间，天气还挺冷，我正在放牛。红二方面军六师一个侦察连驻在龙山这个地方。当时也是一个比我大不了几岁的小红军问我愿不愿意当兵，我早就听说红军打坏人、帮穷人，我要当红军去救我父亲，就说愿意。在跟了他们两三天后，他们就把我带到湖南龙山的北面他们的驻地部队那里，交给了新兵连，我就这样当了红军。

记得我在新兵连驻的那个地方叫石膏山，那个山上出石膏，用石膏可以做豆腐。石膏山是在一个小镇里。在那儿住了一个礼拜，新兵就分到部队去了。六师卫生部要找一批小兵来学医当护士，救护伤员，帮伤员洗绷带，就叫卫生员。我学了以后就分到政治部当卫生员。政治部那个时候主任是戴文斌，戴文斌在抗日战争胜利之后调到东北的一个部队的后勤部当政委。他也是老红军，江西老表。听说解放广州后，他调到广州当了第一任公安局局长。

长征前，余秋里是六师十八团政委，十八团是一个主力团，很能打仗。余秋里跟团长贺炳炎配合在一起。贺炳炎是铁匠出身，曾是贺龙的警卫员，很能打仗，哪里紧张贺龙就把他派到哪里。余秋里是在贵州的哲庄坝被敌人包围时负伤的，伤在左臂。余秋里当时不肯锯手，师卫生部那时候就派专人照顾他。我当时就在六师当看护班长，也曾照顾他，给他换药，给他当扶手。长征开始后余秋里伤口发炎，不得不锯了手臂，和贺炳炎一样成了独臂将军。

我是红二方面军的,长征路我们走得最多,也最苦。1935年我们才开始长征,是红军的总后卫。长征之前我们做了动员,说是要跟红一方面军会师。我们走到湖南的溆浦。当时讲中央红军准备过长江,我们要跟他们会师。我们走到怀化那一带就叫我们不要前进了,因为他们准备过长江,受到敌人包围就要打仗,形势也很紧张,叫我们把包围他们的敌人拉一部分过来,改来追我们。我们就带着这伙敌人,到湖南兜了一个大圈子,打了几个大胜仗,消灭了他们两三个师。

印象特别深的是湖南石门战斗。是澧县上面的石门,贺龙的家乡就在那附近,战斗打响在板栗园。板栗园战斗消灭了国民党八十五师,师长叫谢彬。那一战是在1935年六七月份,天气很热。谢彬从石门这边来,我们是从这边走,两边都在走,我们在山这边,他在山那边。中午,他的部队在一个大桐子树林那儿休息睡觉,我们发现敌人了,就过去猛杀猛追,跑上山先把敌人的警戒部队打垮了。杀得血流成河,一个大河沟里面全是死人,我们把谢彬围到最后一个山头上,前面部队冲不上去,贺龙就跟我们团长贺炳炎说:"贺炳炎,你上去把谢彬的脑袋提来见我。"贺团长真的带部队冲上去把谢彬的脑袋砍了下来,提了来见贺龙。那时候部队也趁机扩大了一个新兵师,贺炳炎当了师长。

以后呢,就由湖南上贵州,从贵州走黔西、大定、毕节。当时对贵州来讲:黔西大定一枝花,威宁吃的苦荞粑。黔西、大定生活条件是比较好的,但是好地方呢敌人就多,在大定大概住了不到一个礼拜,大部分的敌人就来包围我们了,我们在那儿打了两三天,又下大雨,当时部队有些急。贺龙就说:"不要着急,大家吃好饭,准备好,狠狠地打它一家伙,我们轻轻松松地走，就没有人追你了。"结果我们一阵猛打猛冲，把敌人打得稀里哗啦的，就稳稳当当地过了贵州。从那以后，就准备翻雪山过草地了。

贺龙很喜欢我们这些红小鬼。但我们那个时候开始真的怕他，我就记得他每次下马看到我们这些红小鬼就拿胡子扎你。见得多了也很习惯了。一见到他就喊："贺胡子来了，快跑！"长征时期他在队伍前后不停地视察，常碰到，也经常说话。大家一见到他特别亲，特别有信心。

我最好的伙伴和我是同一个部队，是一个司号员，跟我一般大，他是湖南人，他比我当兵还早，他号吹得好。可到云南后，战斗中敌人一枪把他的头打伤了，伤很重。因为部队要过江，上雪山过草地，只能把他留下了。当时他抱着我的腿哭啊，说我不能走了，把我扔下了，以后有机会你来看我啊，我说好。我心里特别难过。

我们过了金沙江，就在玉龙雪山下面。吃了早饭准备了一下就上山。当时我们出发地旁有大喇嘛寺，贺龙在喇嘛寺借了一些粮食。爬雪山的时候经常看到贺龙，他从后面看部队的情况，再赶到部队前面决定住在哪个地方。山上都是一些泥巴路，两边打的是桩桩，爬得不好就摔跤。我们爬雪山时间不太长，我基本上没有看到行军过程中有冻死人的。但是，后面部分吃不饱、又冻又饿的战士不能走了，到后面掉了队，有的就在山上睡大觉，不走了，这个还是导致死了不少人。云南出甘蔗多，出的红糖一坨一坨的，窝窝糖比较多，我就买了，你一坨，我一坨，还找了不少辣椒干，拿在山上吃。在山上多亏辣椒干，不然冻死的人更多。

我们走了一天，走到雪山的半山腰，半山腰宿营住了一天，天也黑了，就住在山上了。第二天翻山过去的，翻山过去就准备过草地。那是一片水草地，走起来稀软稀软的。有时候把草皮踩穿了的，就陷进去，因为下面是软的，越陷越深就爬不起来，人也爬不起来，牲口也爬不起来，就陷进去。必须跟着前面脚印走，哪些地方能踩，哪些地方不能踩，你不要走错路，不然你就容易陷进去。做向导的藏民放牛知道这个路，我们跟在后面走的就不会陷进去。

我有几次也差点陷进去。当你前面的战友陷进去后，你还不能马上去拉他，你越拉陷得越深，就没有办法去拉，救都不好救。因为他把这个草皮踩破了，两条腿一插下去拉不起来，你要用力拉你就陷进去了。

我记得有一个战友，他的父亲抬担架走在后面，我们走过去后，他的父亲陷在泥里上不来了。后面就传口令，说某人的爸爸上不来了，叫他下去拉。他也没有办法拉他，他说我去拉他我也上不来了。因为肚子里面是空的，没有劲，你再下去拉他，你能拉得上来？两个都完了，就是这样的。

长征最困难的是到哪儿都没有吃的。一般来讲，在班上我的身体比较好，运气也好些。找粮食有时候还搞得比较多。当时部队战士间也兴"借粮"。有个战友也是湖南的，他姓朱，叫朱应强（音），他也筹得点粮食。恰好遇到一个师卫生部特派员，他叫罗世建（音）。他后来到陕西咸阳那边当公安局副局长，最后也牺牲了。这个特派员他比较老，筹粮有困难，还向我和小朱"借"过粮。

甘孜会师的时候，大家很高兴。到了甘孜那个地方，张国焘请贺龙他们吃饭，但是朱德被张国焘限制，贺龙说朱德也在甘孜嘛，吃饭怎么没有把朱德请来。张国焘说，他来不来没有关系，贺龙就发火了，说怎么没关系呢，一定要叫他来。就拍了桌子，就等他把朱德、刘伯承叫来了。不然他们还是被软禁在那里。吃了饭以后，朱总司令、刘伯承说二方面军是救命的恩人。

长征途中，二方面军六师选了一部分比较强的人做最后收容，把全军凡是掉队的都收容起来。我参加了收容队,收容大队的大队长是张汉宾(音),张汉宾原来是我们卫生部的主治医生,后来他当了卫生部的政委。我是卫生员,我背的东西有救急水,走不动的给他倒点点水,喝了就能走了。救急水起作用,谁都拉稀,走不了了,再给他喝一点,就又能走了。

我们在树林里面找,到老百姓家里找,在草垛子里找,把掉队的都收容起来往前赶,赶到一个叫作哈达铺的地方,哈达铺过了那边叫什么礼县,礼县有敌人。我们要去的是康县,哈达铺在当中。我们走到成县,敌人就跟到我们走到成县。之后又过黄水河,过了黄水河以后,就离敌人远了一点。当时的老百姓收李子,家里一堆一堆的,没人敢吃一个,不敢犯纪律。那时候纪律是很严的,不买就不能吃,一个也不能吃。

我们从成县出发,到了六盘山我就病了,不行了,走不了了。是伤寒病,浑身疼,发高烧,拉痢疾呀,病了以后就到医院去了。那会儿我一个人在卫生部,照顾伤员,换药,一天要给多个人换药呀,以后真是顶不住了,不行了,发烧了,病倒了,不能吃了,不能喝了。

在山城堡,那个国民党军长叫廖昂,我们把他的部队打掉了,没有抓着他,他又逃回到国民党那儿去了。到陕北的新店战斗活捉了他,他要见贺龙。见了贺龙,贺龙就问他:"廖昂你还记得山城堡战斗吗?那次把你的部队消灭掉,没有抓住你,这次抓住你了,你还有什么话说?"那家伙哑巴了。

长征路上,一般来讲军民关系很好的,红军走到哪里宣传到哪里,红军又不抢人,又不打人,又不骂人,看到老百姓穷,没饭吃,我们有东西还给他们一点。那时候房子没有多大,住不到多少人。住到哪里,必须要把老百姓的稻草拿来铺在地下,睡地下,走的时候再把稻草垛好。

红军有个三大纪律八项注意,革命军人个个要牢记。说话要和气,买卖要公平，借物要送还，房屋要打扫，损坏要赔偿……上门板，有的要把门板拆下来，开铺睡觉，要把门板上上去。捆窝草，要把铺的稻草捡起来，送回去，把房子打扫干净。后面专门有人来检查，你借的东西还了没有，损坏要赔偿。

到延安那时候，一般老百姓都不错，要什么东西他都给你的，他都接济你，他都知道红军的纪律，他不怕你不还，不怕你损坏，损坏了赔钱。老百姓过去好穷的，家里面也没有多少东西，吃的东西也不多，小米也不多。

抗战的时候，部队领导要我们要学白求恩，特别要看他在战场上布置的一切工作，手术方位，手术过程怎么样弄；听他做报告，看他给伤员做手术，看他的手术动作，看他如何急救。他先在八路军一二○师，以后他又回到晋察冀。在一二○师首长请他吃了饭，把我们都叫了过来。当时我在团里面当医生，他又和我们熟了。

白求恩做手术的时候，我们在旁边看，没有资格跟他配合。他旁边跟着他的助手，都是老助手了，都比较熟悉，他要用什么钳子，第二步要用什么器材，第三步是什么，他做得挺熟的。做胸部手术，打开胸腔，首先来讲，检查周围血管，看到哪里出血，马上用针一缝，检查好伤口了以后，再来把皮肤处慢慢一层一层地缝了。第一层，第二层，第三层，一步步地缝。

60年代初，周恩来住在我们部队这里，是要办澳门的事。他要和我们校官以上的照个相。我和周总理在延安就认识，又是红军，照相时他就让我在他身后。

对于从几十年的战争走过来的人来说，现在的一切都是幸福的，要珍惜的。我们纪念长征，实际上要记住的就是长征红军吃苦耐劳，不怕牺牲，不怕艰苦。走路艰苦，要跑出敌人的包围圈，层层包围，走到哪里，枪响到哪里,敌人打到哪里。你到这里还没有做饭吃,火还没有烧着,枪响了,又爬起来跑,吃不成饭。所以说长征路上大家就是吃苦耐劳,不怕疲劳,不怕牺牲。

孩子们要记住,革命胜利不容易,革命意志的养成也不容易,不怕死,不怕难,见困难要能打能冲,能跟得上。记得当年我们六师十八团有个小家伙,好像比我们还小,他背个马枪行军走路,一路走,一路唱歌。那个小孩很好,很结实,那真是一个特灵活的小孩,叫啥名字我不记得了。

我是个文盲,在家里没有读过一天书,在部队一天学三个字,一天走路跑来跑去,找谁去学字?都是实在走不动了,拿个棍子、拿个石头在地上画,要学字。我也没有打算活到今天,谁能想到活到今天嘛。

年轻人要很好地记住,这几十年整个中国的胜利来得不容易,老一辈不怕牺牲,不怕困难,战胜了各种敌人,才有我们的今天。不然哪有今天到处修的高楼大厦。同志们吃得好,喝得好,住得好,哪来的呀,都是过去的革命同志、共产党员、红军流血牺牲换来的。所以我们今天就要好好学习,好好珍惜,要建设好祖国的明天!

谭德本

那个时候没有吃的，我们的枪皮带都吃光了，枪就剩光杆了

2016年6月17日于宁夏回族自治区银川市接受采访
生于1918年，红四方面军战士

我是谭德本，是四川省南充市营山县人，1933年参加红军的，是红四军。我在家乡的时候，就参加了苏维埃，红军到那里组织的政府叫苏维埃。我参加苏维埃以后，进了赤卫队。所以，人家那些地主就仇恨我们。我就不敢回去，就跟着部队走，只有跟着部队走。

红军在我们家乡宣传红军的政策。我那个时候很小，还没有一杆汉阳枪高呢。因为我小，红军那个时候不要我，我就跟着红军走，跟着七十七团，我就给他们喂马。红军走哪里，我就走哪里。到了最后，因为部队有老乡，老乡帮助我一路跟过来的。我就这样子，一直跟着红军走。

我从1936年开始，随中国共产党领导的红军转战，是这样子一直跟着长征过来的。到了1936年以后，个子就长起来了，那个时候才当兵，红军才正式要我的。所以说，我那个时候就一直跟着走，当兵了，我是一个兵。当兵了以后，我当了通信员。到了山西以后，我才离开部队，到中部学习。

我们是四方面军，不是一方面军。我们是从四川，从川陕根据地启动的。一方面军从他们根据地井冈山出发，我们从川陕根据地也出发了。这样子的话，我们过雪山、过草地就开始了。红军到了什么地方呢，就是到了四川的懋功县，在西康，现在就是四川省的边界，到了泸定桥。我们到了懋功县，然后就到了夹金山的脚下。一方面军就过夹金山，过雪山。我们在雪山脚下，我们就迎接红军主力过雪山。

夹金山这个地方是比较高，根据现在来说，是四千多米，具体的我也不知道。我们走了一天才走到半山腰。不像现在这样，过去又没有帐篷，也没有什么东西，就在地下就睡觉了。我们是从热带走到寒带，也没有穿的，也没有供给的地方。有好多同志，身体不强的同志，就在这个地方牺牲了。我们跟着部队走的时候，我们两百多人，走到那里以后只剩下不多人了。我们过雪山以后，好多都牺牲了。在那个期间，我们能够走到山顶上，就是一个带着一个。我那个时候，因为在家里锻炼得比较好，所以说身体比较好，这样才过了雪山。

那个时候没有办法，怎么办呢？自己想办法。想什么办法？把衣服袖子拆掉，穿到腿上。腿上流血啊，往下淌血，一走就流。没办法，就把袖子当裤子穿，这么样才过来的。我那个时候身体还是比较强壮一些，我穿了两件衣服，就撕一件衣服当裤子，就采取这种办法。那个时候要吃的没有吃的，就想办法。准备要过雪山，要防寒，要准备什么东西呢？准备辣椒。所以，在那个时候，没办法，到了山顶上就吃辣椒，就是这样解决了温暖问题，这样才过来了。有好多没有办法的，怎么办？就牺牲了。确确实实是这样的情况，现在来说是很难受的。

那个时候我们都没有吃的，就是搭锅烧水、做饭。到这个时候，也就是停脚歇息以后，才帮帮虚弱的战友。只能在休息的时候烧点水帮帮他们。要想其他的，也没有精神帮助他们了。又没有供给的地方，只有自己解决，没有其他的办法。自己烧点开水，洗洗脚，帮他们洗洗脚，就是最好的事情了，再没办法。帮助他们洗洗脚，让他们准备第二天再走。

过雪山的时候，要牺牲了怎么办呢？有专门的人来处理他们，也只有用手刨刨雪，把他们埋了，那就是他们最后的人生了。到雪山，因为空气稀薄，连自己出气都出不过来了，气短得很。只有帮战友背背枪，把他拉着走。拉一会儿，拉不动了，那些同志就说，哎哟，好同志，你不要拉我了，我再没办法走了，你赶快走吧。就是叫我们赶快走，就说你不走的话，就跟我一样了，就牺牲了，你赶快走吧，赶快走你的，前进就是胜利，走过去就是胜利。在这样的时候，就是最后帮他们扛扛枪，那就是最高的精神了，再没办法了。

走不动的战友，真没办法，只能向他们鞠躬，他们已经牺牲了，我们就走了，有最后的人来处理他们。鞠躬的话，就是安慰自己，没办法。就是说，亲爱的同志们，你们好好休息吧，真没办法。我们当兵的只是个兵，只能照顾自己。照顾别人啊，其他的事情真没办法。为什么呢？领导前面走，我们就跟着，跟不上就不行了。就那么一下子就走了，没办法了。

下了雪山以后，就到了毛儿盖，就开始过草地了。那个时候，我们三过草地。为什么三过草地？我们过来，跟着一方面军过来的。张国焘把四方面军拉上南下，到了芦山。国民党围追堵截，红军的主力部队还在那里没有走。我们的武器也不好，国民党有美国人送的飞机、大炮、洋枪。我们打不过敌人，敌人又把我们打回来了。

我们要吃的没吃的，没办法，吃什么呢？走到那里看到有草，就是羊草，就吃那个东西。没有吃的，也没有人家，也没有老百姓，就吃草。只有中国共产党领导下的中国工农红军，在这样子的情况下，才能渡过这样的难关，才能战胜困难。我们过草地以后，那里有牛屎房子，墙就是藏民用牛屎砌的，就是住那样的房子。

草地当中，不像现在一样。当时是一望无边，全是草地，没有山。现在来说，就像雨水冲击以后的土一样，忽闪忽闪的，你踩到上头，看得不好，就陷到泥里头了，你想走都走不出来了。就是一个人跟一个人，你跟不上，就陷到泥里头了。陷进去了怎么办呢？这个情况之下，有经验的人，就顺着地下滚，一滚，腿就出来了。不滚呢，就越陷越深，有好多没有经验的人就这样牺牲了。

那个时候，虽然说是没有办法，我还是自己学打草鞋，穿草鞋。休息时间就编草鞋，有穿的。再有就是如果有多余的，哪个同志脚上烂了的，就给他一双，就是最好的事情了。而且他们那些原来不会编草鞋的，也是自己学着编了。背上一双，脚上穿上一双。

那个时候没有吃的，我们的枪皮带都吃光了，枪就剩光杆了，没有皮带了。休息的时间就把皮带煮烂了，把水一烧，就煮着吃，都吃光了。还有一些人，我们到草地的时候，藏民有那么大一个口袋，背的背包，那是什么东西呢？那是牛皮做的口袋，把那个煮着吃光了，也不敢多吃。吃光了的话，后面你就没办法了。剪一点，下次再吃。就是采取这种办法，这样子才熬过来的。

喝水就用铁壶，一个人背一个，就烧水。那个时候烧水、洗脚。为什么洗脚？因为脚走了一天，用水洗洗的话，活活血，可以让血液循环一下，第二天才能走。要采取其他的办法，也没有。只有洗洗脚，自己好好保养自己，第二天再接着走，不然就走不了了。有好多同志，没有办法的，就走不动了。

我们没打过仗，要说打仗的事是以后，为什么呢？到了部队以后才打仗了，我的任务就是跟着。

后来，张国焘南下，我们才打仗。我们打什么仗呢？打阵地战。我是第一次参加阵地战，因为我在后方。打第一仗的时候，敌人就把我们包围到一个山顶上，前后都包围了，只剩山南面那么几十丈高的路。我在这个情况之下，就跟着他们跑。就在这个时候，也没有办法，大家就跳崖，我也跟着跳。跳崖的话，我也不怕。我跳崖，最后快落地时，有个台阶挡了一下，我翻了一下，就这样子掉下去没有牺牲。好多人跳下去就直接牺牲了。我在那里摔了一下，头部受伤。就这么个情况，那是我们长征打的第一仗。

长征的时候，咋不想家呢？家里的情况也不清楚。那次，我到了凉山，我就想找找凉山的群众，最后也找不到，一个都没有了。解放后，我们回家，就是给你些钱，你回家一次，只回过一次。回家后，我的父母还在，我家是地主富农，我父亲逃跑了，跑到通江县去了。

到1936年以后，长征胜利了。现在来说，八十多年了。蒋介石到这个时候就是失败的八十多年，所以说是工农红军胜利八十多年。这样，人民才过上了幸福的生活。

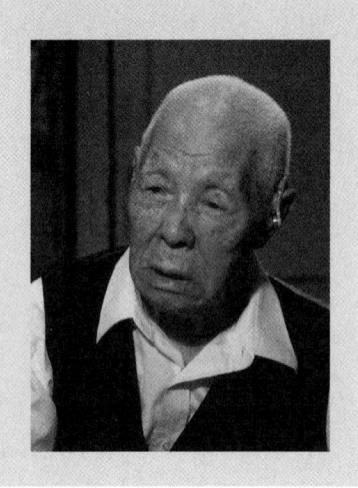

周辉

敌人要前进，我们就顶住

2016年6月27日于北京市接受采访
生于1914年，红一方面军工兵

我是周辉，很小就参军了。1934年10月，南方遭水了，水有一人多高，那时候人从江西跑出来，不得不跳到河里去。国民党来了，他们也打，我们也打。那个时期乱哄哄的没有办法，我们的部队也是跑到河里，有的跑出来了，有一部分跑到边远的地区，在山里头藏着；有的是跑到老百姓家里去了，老百姓给水喝，有的给饭吃。

我当时就到了老百姓家里，老百姓还不错，湘江边的老百姓救活了一些人。有的人牺牲了，有的人逃出来了，有的冲跑了。当时情况很紧张，我们的部队到了怒江，国民党胡宗南的部队也撵到跟前来了，司令员就说要顶住，任何人不能跑。胡宗南他们有枪，我们也有枪，我死你也死，不怕，你要前进我们就顶住，不能放松。

后来发现山上有一座庙，司令员把庙从老百姓那里买过来，当时就拆了。战士们就一个一个上去拆,把木料拆下来准备架桥。可是对面有竹子,那里头也有敌人,我们去砍竹子,砍不了,后来司令员下命令,共产党员带上枪支子弹,这么着过去。过去的时候有几个战士给冲跑了,过去了就把竹子砍下来,把岸上的敌人打跑了,再用拧的绳子捆竹子架成桥,就这样,好多人把这个桥架起来了。

我们的部队就从桥上过去的,我们还有马,一匹一匹的马都是从桥上过去的,过去后都高兴了。我们后来从屁股后面打他们,把敌人都打跑了。我们的英雄是比天都高。

部队到了遵义休整,战士们累了,有的在马路上休息,有的在那里睡觉。休息以后,还有个娄山关要打,打了一支国民党的军队。当时我们在离遵义不远的地方,湄潭县一个农村里头,那里也很穷苦,有的战士在那里住着和老百姓姑娘恋爱了。

四渡赤水是毛主席想的办法。为什么要四渡赤水?自己过河,不要被敌人发现,所以我们自己掩蔽自己,悄悄地就过去了。四渡赤水不容易,白天走黑天也走。

过金沙江也是架的桥过的,我们过乌江、金沙江、大渡河,一共架了好多桥,不是那么简单的。我当过架桥的工兵,大渡河那都是架了好几座桥,把桥架起以后,毛主席他们的马匹都是从桥上过的。

爬雪山的时候,部队早早就出发了,那个雪山有多高我们不知道,从早开始爬,爬到晚上,天黑了不好爬。山上全都是雪,没有路,一爬就成了河沟了。过了那么多人,把泥巴都踩成稀泥了,成了一个小河沟了,上去的时候,泥巴冲到你身上,满身都是。有不少人牺牲了。后来上去的人,到了山顶上没有氧气了,喘不过气了,所以派一个人站在那里拿个旗子说:"快跑,这里缺氧，不能停留，赶紧跑步过去。"跑个一里到两里路，这个样子过去的。

那时候困难，吃得根本不行，出了这个山就好点了。后来从雪山下来过草地，草地也不好过。草地底下都是水，人走着还得小心一点，不小心就陷下去了，底下都是稀泥巴。有的马也陷下去了，有的人也陷下去了，陷下去的拉起来，腿成了面条了，软塌塌的，走不了了，那个水冰得受不了。

过草地先是在毛儿盖。我们去的时候到处找粮食，人家知道我们缺少粮食，从山上搬下好大石头来打我们。粮食都拿口袋装着放在山上，埋在地下，树上掉下来的树叶很厚，埋住了。我们几个军团不知道哪个部队还找到了酥油，那时候可是宝贝一样的东西。那地方很穷很苦，我们从老百姓那里买来青稞麦，把麦穗搞下来，放在大锅里头炒。战士也好，干部也好，都在锅里炒麦穗。每个人要交一碗给公家，一碗留给自己做干粮。麦穗吃了嘴也黑，手也黑。

我们本来是准备在毛儿盖休息一个星期再出发，在那里准备干粮，但后来情况有变化。张国焘的四方面军是南下部队，财力和装备比一方面军雄厚。他们看不起一方面军，说你一方面军还能打仗吗？头发胡子都老长。四方面军有个人挺横行霸道的，他说你这个部队不能打仗，然后就动手撵我们，叫一方面军赶紧走，不要在这儿待着，他们要南下，不要我们一方面军北上。

两方有矛盾了，还互相打起来了，四方面军的部队先跑到山上去了，一方面军也有跑到山上去的，这时候毛主席来了。我们一方面军还是要北上的，这是坚定不移的，我们的目的就是一个，建设社会主义。你们四方面军要南下，你们暂时不北上，将来你们还要来的。你们也不要打一方面军，一方面军也不打你们。这是毛主席当时说的话，我都在跟前。

草地离敌人也不远，挨着松潘县，松潘还有国民党军队。我们从那里过草地，我找了一根大木棍，拿着木棍在那睡了一晚上。

开始过草地的时候，有一个炊事员弄了一个稻草绳，他们就从这边拴着一头，另一头拴在树上。那里没有什么大树，都是小树。他们不知危险，绳子拴好以后，炊事员背着铁锅就拉着这个绳子过去了。没有想到，当时水那么急，那么凶，过到中间那个草绳就断了，人都冲跑了。当时我们部队挑身体好的共产党员，砍了一些木头弄成担架，这么着把人护送出去。这之后，这些人都各归原位，在哪个部队就回哪个部队去，在哪个单位要回哪个单位去，干什么的回去还干什么，就是这样。

杜宏鉴

我们没有子弹，天上飞机炸，地下拼刺刀，那是家常便饭

2016年5月25日于江西省九江市接受采访
生于1915年，红六军团连指导员

我叫杜宏鉴，十四岁也就是1929年在江西参加共青团，1933年5月参加江西独立第三团，五次反"围剿"我都参加了。第四次反"围剿"时，我在永新负伤，也是第一次负伤。

前四次反"围剿"是按毛主席的办法打的，都是打胜仗。第一次打遭遇战；第二次活捉国民党兵，放他们跑了；第三次在龙安打仗；第四次到了永新。毛主席的战术是集中局部兵力围住蒋介石部队，在战略上以少胜多，在战术上以多胜少。

第五次反"围剿"的时候，毛主席被排除在指挥集体之外，博古、共产国际代表李德把指挥权夺了，但他们不会打仗。蒋介石有一百万军队，我们碉堡对碉堡，这是不行的。我们是打运动战，不能跟他冲。第五次反"围剿"就是四面出击打了败仗，缺少组织性，战略上是失败的，不过有些局部战争打得还是很好的。

第五次反"围剿"是非常惨烈的，我们在永新修碉堡，修了一个月，没有手榴弹，用酒瓶子装黑色炸药当手榴弹扔出去，甚至砍松树当武器。我们没有子弹，天上飞机炸，地下拼刺刀，那是家常便饭。

我们是机枪连，如果打胜仗了就不需要拼刺刀，抓俘虏就行了，缴枪不杀。第一次打胜仗时我们都非常高兴，那次抓到的俘虏都放了，每个俘虏发了三块银圆。

我们都是住在老百姓家里，打胜仗老百姓给你慰劳，打败仗我们心里就难过了。当时正是收稻谷的季节，我们这个连在瑞金整整打了一天才撤出来。我们红六军团是长征的先锋队，我们是先去探路的。

我们在贺龙的带领下1934年8月5日就走了，中央红军10日才从瑞金出发。我们到前方打了胜仗，开辟了根据地。两个月后，中央红军才过湘江，并在湘江战役中损失惨重，他们人数从八万六千锐减到三万。

湘江战役后，中央红军本来想找我们会合，但后来不行，蒋介石堵住了，来不了。他们就到去往贵州，并在贵州打了胜仗，在遵义开会，把领导又改为毛主席，把博古撤下来，把李德等外国军事专家也开除了，按照毛主席的办法打，四渡赤水打胜仗了。后来他们跟红四方面军会合了。

红四方面军的张国焘看红一方面军只剩下三万人，他自己的部队有十万人，他想要军队的领导权，结果就搞分裂，分裂红军，分裂党，成立第二"中央"。

毛主席接到这个电报后，以大局为重，搁置争端，先行向北到了陕北，跟徐海东部会合，到陕西打了胜仗，把红一方面军从七千人又发展到了三万人。

我们红六军团在路上，红十八师把敌人打散了，把他们的师长杀掉了，我们红六军团冲过去了，最后跟军团长萧克一块儿爬山，最后部队到木黄会师。之后，我们在湖南打了胜仗，一路扩编，用俘虏补充，这样我们的人数就从最少时的三千发展到一万八千。

过了哈达铺、腊子口，向陕北进发时，我病了。我请了两个民夫把我抬到宿营地，把身上两块银元给他们一人一块。这样，我休息了几天，烧退了，好了，继续北上。后来，我们终于跟一方面军会合了。

张国焘闹分裂的时候，要求刘伯承、朱德分掉毛主席，他们就讲朱毛红军不能分，并跟张国焘讲道理。最后，共产国际代表，也就是林彪的哥哥叫林育英从国外回来，给张国焘做工作，说他这是错误的，要他跟中央红军配合。后来，张国焘的部队吃了败仗，人数从十万减少到四万，就这样他才同意北上。最后，红二、红四方面军与红一方面军在甘肃会宁会师，长征才算胜利了。

后来发生了西安事变，张学良主张抗战，周恩来到西安做工作。红军部分同志主张把蒋介石杀掉，毛主席讲不能杀，他有几百万军队，打日本还要靠他，这样把蒋介石放走了。后来，蒋介石不讲道理把张学良扣起来了，把杨虎城暗杀了。

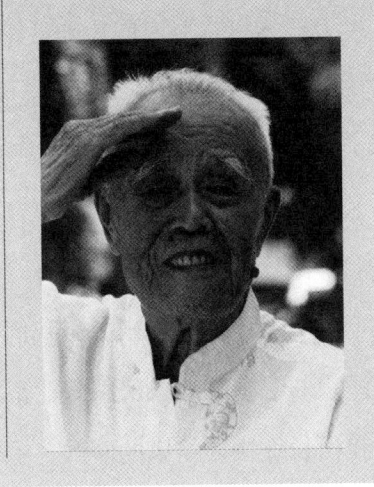

吴清昌

敌人那时候打得很厉害，一个排基本上都死在泸定桥上了

2016年6月2日于江西省赣州市接受采访
生于1914年，红一方面军排长

我是吴清昌，1933年参军的。参军的时候我加入了共产主义青年团，意思就是要为共产主义奋斗到底。我是1934年入党的。那时候我在团里面当团委委员，后来到了警卫连，还到了通信连、团部、军委。

那个时候，我们这个师的师长是彭绍辉，政委是萧华。后来我们是三个团，就是他们领导的，领导打这个仗有两年。

当时打仗最多的是一军团、三军团，像我们这个部队都是配合性质的，没有打正式的仗，没有上阵前。但是后来要反攻要走，动员的时候我们要打到敌人的后方去。

真正长征的时候，队伍在于都进行分离，每个部队走的路线都不一样。当时长征的口号是"打到东北去"。

湘江战役是从广西出发的红军参加的，我们没有参加，只是做后卫策应。

当时我们那个通信连归少共国际师管,战斗时分布在各个山头上。后来有些山头的人全部牺牲了,甚至连名字都没有留下。我当时送信都是拿着马步枪,打直罗镇送信时,受了两次伤,有一个伤口再深一点就完了。

土城战役是我们被打败了,为什么被打败了呢?团扎不到营,营扎不到连,所以这个就打乱了。后来我们就负责打遵义了,一直到遵义会议结束,衣服都还是穿得破破烂烂的。

遵义会议以后李德就没有权了,最高的权等于是毛泽东拿过来了。我们党内来自江西、福建的这些兵都非常地拥护毛泽东。毛主席对人民很好、很亲切,还提出了"打土豪、分田地"的口号。我们长征快要结束的时候,毛主席提出了搞统一战线去抗战。

当时李德之所以崇尚打阵地战,完全是根据苏联的地形和气候经验做出的判断,脱离了中国的战场实际,错误的指挥导致两万多名战士白白牺牲。

打泸定桥的时候是在四川。安顺场他们三军团打胜的,安顺场距离泸定桥一百四十里还是二百四十里,我忘记了。从安顺场急行军最终到达泸定桥的人数,可能连半个团都没有,我也掉队了。

过泸定桥的时候,是一营占的这个桥,我们三营就是巡访,要是敌人来了,就进行警戒掩护。敌人那时候打得很厉害,一个排基本都死在泸定桥上了。最开始认定的飞夺泸定桥的是"十八勇士",抗日战争的时候认为弄错了,就把"十八勇士"的称号取消了。

爬雪山时,我们离山顶很近的时候有些部队想休息,但是山顶不能停,停下了你就走不了,就冻僵了,或者就掉到山底下去了。

一般在长征的时候,特别是过雪山、草地的时候,你就没有吃的,你不走也不行,雪山、草地不好过就是这个道理。过草地的时候,路上、树林里都没有房子，一片死气沉沉的，差不多走了三四天才过了草地。

后来，我们一到陕北就跟张学良的部队、杨虎城的地方兵团打了一仗，叫直罗镇战役。我们打直罗镇的时候，俘虏了他们的兵。这些兵里面，有些人后来当上了红军的排长、连长。

长征时，我见过刘伯承将军，他后来是第二野战军的司令。1936年，我在瓦窑堡见过周恩来，也是第一次见周恩来，我们跟着一个支队，后期就少见了，我们转而跟着毛泽东、贺龙。

那个时候，我们迫击炮只有一架，机枪都很少。我们打仗的时候，大部分是被炸伤的，就算伤势再重，伤员也一定要带走抢治。

对于现在的年轻人，我想说的就跟毛泽东曾经说过的一样，你们这些青年，这个世界就靠你们了，你们要继续为共产主义奋斗到底。

颜义泉

一摸脸上一个洞，血流整个身上……
同志们才知道，颜义泉同志没有死

2016年7月6日于云南省昆明市接受采访
生于1919年，红六军团排长

走过二万五千里长征的就我一个了，从井冈山走到延安，在昆明的老红军就剩我一个了。

我是颜义泉，是江西永新县人。1932年5月我参加了中国共产主义青年团。1933年3月参加中国工农红军第8军，在军部连，也就是现在说的警卫连，当通信员。

1934年第四次反"围剿"快结束，第五次反"围剿"将要开始时，我们所在的县城被敌人占领了，我们只得驻扎在旁边。不久，我们部队开始长征。

1935年4月左右，具体时间我记不住了，我们和贺龙的红二军团在湖南会师。会师的时候，红二军团没有电台，我们红六军团有电台，然后他们就朝天打枪，后来才知道他们是贺龙的部队。

会师以后，我们打了一场伏击战，在龙山。那一次战斗我负伤了，腿受伤了，被手榴弹打昏过去了，没有继续跟部队往前冲，过了一会儿醒过来了才继续往前冲。在湖南龙山战斗中，一颗子弹从我脸上打进去又穿出来，于是我昏过去了。当时敌人的部队很猛，占领的阵地也很高，我们攻不下来，攻到半山不行了，部队就撤回到原来的阵地，我就昏倒在地下。当时同志们说颜义泉已经被打死了。

到天快亮的时候，一摸脸上一个洞，血流整个身上，我知道我负伤了，所以拿洗脸毛巾把头和脸扎起来朝山上爬，爬回到阵地，同志们才知道，颜义泉同志没有死。

从此以后我就被送到湖南桑植县，待了大概两个多月伤好了。我们在桑植活动，到那里看一看我们部队和贺龙的部队合力打仗。说实在话，打的仗大的小的不知道多少，记不清楚了。什么地方和敌人作战，打的情况如何，都记不得了。

虎头山战役是1936年，参战的红六军团军团长是萧克，政委是王震，参谋长是李达。红二军团是贺龙的部队，红二军团和红六军团会师后，在桑植这一带活动，然后一起从桑植出发开始长征。他们进入云南第一仗是在虎头山，实际上打得很激烈，伤亡也很大。好多战友老乡就在那里打仗死了，十七师的组织部长也被打死了。虎头山那一仗打开了云南通往西昌的大门。那时候国民党主力军来阻击我们，打得很厉害，打了以后我们到一个什么地方，现在忘记了，后来到了丽江，进西昌。除了这个战斗，其他的战斗好多也是我们二军团、六军团配合打的。

张柱庆

子弹一人给两发,粮食也没有

2016 年 6 月 28 日于四川省阿坝藏族羌族自治州金川县接受采访

生于 1921 年,红四方面军童子团战士

我是张柱庆,我是在金川参加红军的。

红军来了我们跑到山上。头天晚上跑了,第二天早晨就回来了。回来了我就参加红军了,参加红军成立的一个童子团,有八个人,两个女娃,六个男娃,最后跟红军一起走的有六个人。第二天早晨刚刚天亮就爬山,两个女娃娃看不到了,六个男娃跟着独立师、跟着游击队一起走了,女娃娃就没有去,那时候我们十五岁左右。

两河口会议的时候,毛主席讲了,同志们头抬起来,看远一点,吃苦在前,有福在后享。说着我们就哭起来了。说完了毛主席就走了,张国焘在两河口待了几个月,第二年的10月间回来的。

我参加了两河口会议的外围工作。在两河口山上,有一次我们遇到国民党兵,我被打伤了。两河口会议的时候没有看到一方面军战士。开完会后,子弹一人给两发，粮食也没有。

后来，徐向前在这儿的西北联邦政府开会。他就说，同志们，工农红军是做啥子的你们晓得吧，这些老百姓说不晓得。我们听到红军来了就逃，人跑完了，就剩我们这些走不动的人。红军喊我们就来了，做啥子我们不晓得。徐向前就说，同志们，我们是工农红军，工人农民为基础，工人农民请你打土豪分田地，为穷人翻身。徐向前讲的，打土豪。实际上那时候没有子弹这些，后头参加的人，发了子弹，枪都没有。最后徐向前讲了，将来要达到公平合理，大家都要平等，都要一样。最后，徐向前说政策要达到那一步，要改天换地，改朝换代。

然后，红军带着我和另一个娃娃去给他们放马，一头骡子，一匹马，我们两个就放马。头一两个月就负责打草，当时什么也没有，下雨天或大太阳连帽子都没有。时间比较紧迫，我们请了六天的假回家，后来在家待了四天就走了。1950年，金川解放了，和平了，没有打仗了。后来城隍庙开会，开大会，开了十五天大会。吴县长和孟司令他们两个跟我们说，现在你们枪不要交，我们喊你们拿来你们就拿来，要好好保管。这样，枪就留下来了，枪就没有交，现在还在家里。

红军的其他东西家里面没有了，没有留啥子。1956年，我当兵回来。后来，我的儿子也当兵了，打了对越自卫反击战。再后来，我儿子他们四弟兄，一家一个儿子，四个娃娃都当兵，现在部队上还有一个，老四还在部队，在重庆部队上。我们三代人都为当兵感到光荣。

袁美义

风吹雨淋雷打闪，
红军攻克剑门关

2016年5月31日于山东省德州市接受采访
生于1916年，红四方面军卫生员

我是袁美义，四川广元人。

红军攻打剑门关的那首歌我现在只记得几句了："风吹雨淋雷打闪，红军攻克剑门关，各路军阀如山崩，我送红军出四川。"

当时，我们从天明打到天黑，把剑门关全部解放了。国民党也是中国人，我们缴了他们的枪，就让他们回家去了。

打剑门关时，我们队伍粮食少，吃得不好，也没有劲儿。

我们爬雪山、过草地时，吃野草，吃榆树皮，吃榆树叶，吃野菜，吃小鱼小虾，煮熟了，弄点盐巴就吃，不吃就死了，这样慢慢地过来了。

红军打腊子口，胜利了。俘虏了几千人，缴获了子弹、炮弹，这一下我们红军扩大了。国民党投降了，我们动员他们投降，参加红军，将来胜利了，让他们回家去，和父母亲团圆。

第七篇

长征结束后
——
而今迈步从头越

冯学友

太阳一照……
到了山上的时候就是雪盲

2016年5月28日于重庆市接受采访
生于1917年，红四方面军战士

我是冯学友，1933年参加的红军，那时候我才十六岁。我先是加入共产主义青年团，后来成为红四方面军的九军二十七师八十团战士，后来先后到团部当了通信员，又到师部当通信员、警卫员，到九军的军部给参谋长当警卫员。

我们四方面军刚开始在川北，在通江、南江、巴中，这三个县是四方面军的根据地。后来从川北转到了川西。打广元我参加了，广元是攻了一天一夜也没有攻开。敌人在上面守着，那时候把粗的树枝靠在城墙上面，你一爬上去他往下面一看，连梯子带人一下子给你打碎，给你打下去。打广元伤亡很大，部队没有继续打了。后来到了巴中，巴中到了昭化一带。那时候就准备南下打成都，结果没有打。之后就北上了，到了康定附近了，直接往北走。

参军后第一仗是在河边打的。那天晚上从河里渡过去,我只有一把大刀,我拿着大刀上去以后起不了很大的作用。结果晚上过河以后要爬山,爬到山上面以后,发现敌人就守在那个山顶上。大家就用竹子编棚,住在了山顶上。开始打仗后一冲上去,敌人就拿大机枪扫过来,把手榴弹往我们这边甩。我也跟着拿了一把大刀在手里,冲到离敌人还有几十米的地方。天黑也看不到,就是乱打,也上不去。敌人手里有手榴弹,结果有几个战友负伤了。山很陡,结果一下子被推下来,把下面的人和马都压在了底下。就攻了一次,部队就撤下来没有打了。

这一晚上有一个错误,就是爬上去以后没有预估到敌人有手榴弹。当手榴弹一下子甩到了跟前,有两个战士便负伤了。我虽然没有负伤,结果敌人一下子从上面把我推下来。那时候我还小,也没有多高,就把我压到了底下,他们从上面跑下来,就从我的背上踩过去。我的刀也被搞掉了。那个坡很陡,这一陡我的刀一下子从手里面滑下去了,不知道滑到哪儿去了,到处摸也摸不到。

我回来后跟班长说我的刀找不到了,摸了半天也摸不到。我说你们都退完了,人都跑下去了,我也就走了。跟班长一说,班长也没有开枪,也没有怎么处分我,只是说了我几句,说你怎么这么不小心把刀丢了。我以为我会被关禁闭,那时候在部队你犯了什么错误,要把你关起来,起码要关你三天禁闭。那天好,回去的话,领导没有关我的禁闭,说了几句就算了。

嘉陵江也是我们那个部队打的,我没有去,我听他们回来讲是九军二十七师打的。他们把竹子砍了以后绑在一起做了一个竹排,乘着竹排半夜三更偷偷渡过河去。九军的战士渡过嘉陵江后,国民党的部队还在铺上睡觉,我军的手榴弹一下子就甩到了他们屋里,让他们缴枪,他们在铺上爬起来缴了枪。嘉陵江的敌人跑的时候，在马路上掉的全是银圆，战士们很勇敢，没有急着下去捡钱，只是拿着枪往上冲。敌人一下子就逃跑了，也不去捡钱了。

我那时候也没有送什么信，就是跟着大部队一路走。那时候当通信员主要的任务就是送信，没有信就跟着领导干部走。那时候我又是通信员又是警卫员，就是保护首长，主要是做这个工作。那时候也没有好多信送，有信就送，没有信就跟着领导，就保护首长，主要是起这个作用。那个时候就是前面送到后方，后方送前面，就是这样送。师部送团部，团部送师部，来回就是走这条路。

长征开始的时候，往哪儿走也不知道，就一直是跟着前面走，前面往哪儿走就去哪儿，也不知道去哪儿。知道总的目标是四方面军和一方面军会师，这是一个大目标，大家都知道，但是跟哪个团会师就不清楚。后来走到四川的一个地方，就是在夹金山会师。

在夹金山的时候，一方面军从南面往北走，我们四方面军也是往北走，在一个山顶上碰了头了。我们快到山顶了，发现山上面插着红旗，一方面军先上山顶，把红旗一插。我们没有上山顶，而是往南走，走到前面看到插着红旗，结果还打了十几分钟，两方面军对打，打了十几分钟将近二十分钟以后，走到跟前发现插着的红旗上面有镰刀斧头，跟我们的旗帜是一样的，就赶快报告上面，就报到了团部，团部的报到师部，师部的报到总部。那时候知道是一方面军要过来，打了十几分钟，到了跟前了才知道两个旗帜是一样的，都是红旗，都是镰刀斧头。后来就报告中央领导，徐向前等军级以上的干部知道了这个事情，说是一方面军过来了，从南面往北走，走到夹金山会师。

那时候保密的工作做得好，也没有跟下面讲，下面都不知道说今天一方面军要过来，这些情况都不知道，后来会师以后才知道一方面军过来了。

夹金山是一座很高的雪山，我们爬雪山很艰苦，脚上穿的一双布袜子，穿的草鞋，没有像样的鞋子。穿两件单衣服，拿着枪，背上背着简单的铺盖，就这样在身上一拴，晚上就打开铺盖裹着身子。到了山上很艰苦，山顶上太阳一照，太阳光就刺眼睛，我那一次过雪山就雪盲了，到了山上的时候就是雪盲。

后来部队会师了，我们的部队撤下来了，一方面军也从山上下来了，下来以后跟我们四方面军会师。会师以后说是四方面军慰劳一方面军，我们就拿什么东西呢？我们也没有什么东西可慰劳。就是有毛巾的拿点毛巾，有衣服的拿衣服，我们那时候穿的是比较新的衣服，一方面军那时候穿得很不好，没有四方面军穿得好。四方面军穿的是灰色的新衣服，有的也穿旧的。后来就是衣服、毛巾集中收集了一些送给了一方面军，这叫礼物，就这样送给了一方面军。

过了夹金山以后，就到了一个县，在那里住了三天。三天以后就是讨论研究北上的问题。过了夹金山以后，没走多远，就走了一天多。后来就走到少数民族地区了，往甘孜康定那边走，从甘孜过去以后就到了青海，开始过草地。

过草地的时候路面不平，有些地方坑坑洼洼的，有些地方有水，有的是泥坑，走上去往下陷，我们不敢站久了，就赶快跑过去。你走要走快点，走慢了就往下陷，有些沼泽地只能爬着过去。陷下去的我看到过几个，陷下去以后有些同志把他一拉就拉出来了。有些同志拉着他的衣服，或者是他的枪，就把他拉出来了。那时候腿已经被淹没到了膝盖，有这种情况。过草地走路也不是走一路，是分好几路往前走。有些人碰到沼泽地，有些可能没有碰到沼泽地就走过去了，或者是绕道走，看到了就不走那个地方了，就绕道过去了，情况是这样的。

从草地过来以后一看，在青海边上，国民党有很多炮在那边把守，我们过去到了青海也没有船，没有船是过不去的，就这样又返回来。所以四方面军是三过草地，过去又过来，过来又过去。

我那时候都还是走得各种不舒服，腿也痛，浑身痛，也累，也没有吃的。有时候在里面碰到一头牦牛，就弄来杀了吃。有时候就吃青稞，老百姓都跑完了，红军来了大家都跑了。那时候就是吃青稞，咬也咬不动，就那样拔着吃。后来到了少数民族地区，让他们在锅里面一炒，炒了以后成了面，吃炒面，就好一点了，有炒面就代表有人家了。

走草地的时候没有人家，走几天没有看到一个老百姓，完全是草坪。有人家的地方的话稍微好一点，老百姓给我们把青稞弄成了面，然后就这样吃。那时候一方面军什么也没有，没有鞋子穿的，穿的是烂衣服、烂裤子、烂鞋子，四方面军还穿得好一点，比较起来的话一方面军要差一些，四方面军要好一点。张国焘那时候是四方面军的主席，徐向前是总司令，陈昌浩是政委。没有吃的怎么办呢？走了一天没有吃的，到了天黑的时候就睡在露天的坝上，就是在干一点的草坝上睡觉，就在那上面睡觉。在草地上走了几天都没有人烟，那里头根本没有老百姓。怎么办呢？就转回来，我们也搞不清楚，就是跟着走。上面让南下，南下就又从草地打回来，走到了天全、芦山，那是属于四川管的，就是在康定以西。过来以后到了天全、芦山那一带，到了那里又打了几仗，伤亡很大。

南下看来走不通了，所以后来部队又北上，又过草地。草地过去以后到了甘肃。那时候叫三大主力红军会师，一方面军、二方面军、四方面军。二方面军是贺龙带的。三大主力红军就在会宁会师，想起来了，就是在会宁，这个会宁是属于甘肃管。三大主力红军在会宁会师以后又北上，还是北上，继续过草地。过了甘肃以后就到了陕西，过去以后就往延安走了。那时候红军分成两路，一路往西走，一路往东走。毛主席跟朱总司令带了一部分人往东走，也就是往西安那边走，后来往西安以北就到了延安，就是那个方向。另外一部分由张国焘带队，张国焘那时候跟着一方面军走的东路。九军、三十军和红五军团等三个军过了黄河，到了黄河以西。

那个时候的口号是什么呢？就是"打到新疆去"。我们搞不清楚，说到新疆去，装备是苏联的新式武器。新疆我们有人在那里，有准备苏联的新式武器，我们要打回来，就是要从新疆倒打回来，那时候口号是这样的。我们为什么知道呢？那时候我当警卫员，跟领导接触比较多，听到他们在说。所以说打到新疆去，我们不回延安了。

那时候延安本来发电报让我们撤回去，撤回延安不是那么容易的，要过黄河，要从黄河到宁夏，宁夏过来到山西，不是那么容易的，有几千里路。后来，徐向前、陈昌浩这些领导也不回去了。本来我们把干粮也准备好了，炒的麦子，把这些东西都装在干粮袋子里面带上，准备在路上吃。结果干粮都准备了，后来又说我们不走了，不到延安去了，说还是往新疆走。

第五军团走到了高台，他们是打前锋，在高台打仗失败了。马家军的部队完全是骑兵，把高台包围了，打了三天三夜，我们的部队没有增援上去。子弹打光了，没有子弹了，结果敌人攻上来了，攻上来以后在城里面拼刺刀，就在高台拼刺刀搞了一天。

那时候第五军团的军团长是董振堂，他负责指挥。结果最后他自己的部队都打光了,没有子弹了,怎么办呢?董振堂自己拿手枪把自己打死了,牺牲了,部队也都打光了。那时候没有子弹你怎么抵抗呢?情况大体上是这样的。但是我也没有上高台,从高台跑出来的部队跟我们说的,我也没有到高台去,那时候相距还有几百里路。

所以那个时候四方面军最后牺牲得很惨,子弹也打光了,什么都没有了,都是空枪了。我记得那些战士扛的是重机枪,没有子弹怎么办?就把重机枪甩到山沟里面去,把枪的零件下下来,甩到山沟里面去了,枪也不要了,那时候死得很惨。我所知道的就是这些情况。他们扛的重机枪是外国造的,不是中国造的,那个是德国造的重机枪。有个战士就冒火了,说子弹也没有,就光扛一把枪有什么用,说甩了,战士们都冒火了。

本来四方面军是最强的,八十团、八十一团、八十五团打仗也都是夜老兵子,叫夜老夫,晚上打仗得意得很,那时候红军打仗差不多都是晚上打,白天不打,晚上攻,部队的话打仗很得意。晚上打仗主要是敌人看不到我们,我们就乱放枪。晚上敌人看不到枪,他瞄不准就是乱打,所以晚上打仗容易取得胜利。有时候摸到敌人的跟前,敌人也不知道。

最后子弹没有了,怎么办呢?光扛着枪没有子弹,没有办法,所以有的部队垮了,就散了。后来,有些是要饭去了延安,那时候也没有办法了,有些是让敌人抓住,当了俘虏。其他的有些部队没有被抓到的同志都自己晚上走,叫花子一样跑到延安了。有的没有跑成,晚上就让敌人抓了,就被俘虏了。我也是最后没有办法,要饭到了延安的。没有饭,只有要饭吃,一路上就是要饭吃,这样到了延安。

那时候我们对共产党的信仰还是很深的,是坚定不移的,就是跟着共产党走。我们知道一部分部队已经到了延安,延安打电报叫我们回来。张国焘没有过去，没有跟毛主席他们到延安，西路军主要是徐向前和陈昌浩来指挥带了三个军过去。

我们的参谋长是怎么讲的，他说那一天敌人追来了，马也不要了，把马也丢了甩了，马上驮的铺盖、毯子都不要了，光背枪了。我背着驳壳枪，我是警卫员，就是配驳壳枪。参谋长说你们各奔前程，个人找出路吧。后来个人跑到延安的好多，都是自己去的。一路上，老百姓没有过问我的身份，只是端一点剩菜、剩饭出来叫你吃，吃了就走了。那时候就是当叫花子，跟现在的叫花子差不多。但就算是再苦，我也没有动摇过，还是坚定不移地跟着共产党走。

毛主席、朱老总到了延安，后来张国焘他们也到了延安。我们还有几个部队，一方面军、二方面军还有我们三十一军，还有红四军。我们那个时候四方面军有九军、三十军、三十一军，力量最大。所以有一部分过了黄河，有一部分没有过黄河，就跟着毛主席到了陕西、甘肃。

那时候蒋介石布置的几个师来围剿红军，我们到延安之前还打了几仗。那个战斗我没有参加，他们参加了，我听他们说的，说是打了几个师，还有张学良的部队。张学良的部队从东北撤回来，就撤到了陕西跟红军打。蒋介石很怪，他把张学良的部队弄到前面去打。

红军把张学良的部队一个旅给打垮了，他吃了亏了。后来他感到红军的主张很正确，红军那时候主张枪口一致、对外抗日。红军提出要抗日，所以张学良、杨虎城就感到红军的主张是正确的，中国人不打中国人，一致抗日打日本，就是这个口号。张学良、杨虎城认为红军的这个口号是正确的，国民党、共产党的部队都是中国人，我们不打中国人，我们一致枪口对外打日本，就是这个口号，所以后来就发生了西安事变。

蒋介石到西安做了指挥，就是让杨虎城的部队打红军，蒋介石亲自到了陕西来指挥。结果张学良和杨虎城商量，一下子就把蒋介石给扣起来、抓起来了。蒋介石认为张学良和杨虎城叛变了，投靠了共产党。实际上他们没有投向共产党，他们是给红军发电报，通知红军来西安商量怎么样处理蒋介石，把蒋介石抓起来后怎么处理。红军的政策，政治方面看得远。后来中央决定派周恩来到西安。周总理带了几个人就到了西安，见到了张学良、杨虎城。国民党最后接受了"停止内战、联共抗日"等六项主张。那个时候叫"枪口对外打日本"。蒋介石承诺了打日本，所以那时候红军就改名为八路军了。但是蒋介石有野心，他让红军上去打日本。结果，中央就决定让我们去打日本了，平型关战役的时候，我们就上前线去了。

中央把我分到一一五师，那时候成立了师。我第一仗就是打平型关战役，那时候我当的是排长。我从参军一直到最后打了不少的仗，仗打了多少次说不清楚，起码打了几百次了。平型关战役打完以后，打了汾离公路伏击战，把敌人的汽车打在公路上，打废弃了一百多辆，就那样打烂的。汾离公路就是从汾阳市到离石县的公路。

我到了延安以后，虽然没有见到毛泽东、周恩来他们，但是中央领导听说是西路军回来的同志，都很高兴。延安那时候吃没有吃的，穿也没有穿的。一身都是烂衣服，没有什么好衣服，也没有给你发衣服，也没有工厂。打仗打胜了以后，缴获敌人的衣服，缴获敌人的布匹，拿回来分了，一个人称一斤，然后让你自己找老百姓做衣服，就是那样子。自己找了老百姓比着这个衣服做，你身上的衣服是多大，就做多大。当红军当了好久了，半年了，穿的都是老百姓的衣服。后来发的是灰衣服，那时候有一件灰衣服都很不容易了。

要说长征路上最最难忘的事情,还真有一件。那个时候炊事员背着一口锅,厨房里用的那些器具都是自己背的,背着锅爬雪山的话是很累的。有一天,我们已经上了山顶要下山了,结果炊事员一下子就滑下去了,就栽倒在雪里面,我只看到那个炊事员死了,死在了雪里面,背上还背着一口锅。

每一个连队都有一口锅,到了一个地方就架起来,然后挖一个坑,把锅放在上面煮饭,很简单。只要有一个坑,烧火就可以做饭。那时做饭是很难得的,我们很长时间都是吃生的青稞。那个少数民族地区就是种青稞麦做炒面。有一次没有饭吃,我就吃青稞面,结果拉不出来,青稞面吃上不消化,吃上胀肚子,所以我后来就不敢吃了。

我们也吃酥油,老百姓的酥油就是一包一包的,我们开始的时候不知道是什么东西。一包一包的什么东西啊,跟我们装盐的包裹一样,挺粗也挺长,就是一包一包的。我们问那个是什么东西,也不敢吃,以为是盐巴。有一个会讲汉语和少数民族话的战友,他说那个是酥油。我说能不能吃,他说可以吃。把包打开以后就是酥油,就这样弄在碗里面吃。我们没有炒面,就在有汉人的地方把馒头和干饭放在锅里面炒,干饭炒到硬邦邦的就装到袋子里面。饿的时候,就把干粮袋子拿出来,饭里面放点炒面。那个难吃得很,吃了一段时间以后,我的牙齿都吃松了,也吃不动了。没有别的吃的,不吃也得吃,就是这样咬着牙吃。

索心忠

那个时候是讲阶级友爱的,情愿牺牲自己也要让别人活下去

2016年6月4日于江苏省南京市接受采访
1921年出生,红四方面军通信员

我叫索心忠,我是四川省旺苍县人。1933年参加红军,当时我十三岁。

我从家里偷偷跑出来的,跑出来后家里人找到我几次,看到他们,我就躲起来,怕他们把我拉回去。我不想回家,就要参加红军。后来离开四川的时候路过我们那个地方,我看到认识的人就躲起来,就这样出来了。

一开始参加红军不是为了革命,而是自己出来混饭吃,以后在革命队伍里面受了教育,才知道这是干革命。

我是长征的时候才离开四川的。一方面军在松潘,我们四方面军在茂县那儿进草地,那个进草地是北上抗日,没有讲是要长征,红一方面军他们是长征的。从江西瑞金走到四川,那个时候我们跟一方面军会合的时候,一方面军人不太多,见到我们抱到一块就哭,痛哭。为什么呢,他们人少,受国民党的欺负,没有办法,到处跑,一天跑一百多里路,跟四方面军会合以后，四方面军人多，有四五万人，他们感觉这下好了，有救了，有前途了，大家抱在一块哭，革命阶级的感情简直是没有办法来形容的。

长征中最难的是过草地，没有吃的，医疗卫生条件差，大部分是用草药，拽了草搅了以后糊上。最困难是饮食和医疗条件，最困难的就这两个，其他都好说。打仗不怕，敌人再多我们也不怕，打得过就打，打不过就走。敌人多了也来不了，给养供不上，大炮都来不了，所以我们就不怕。

过草地，我们大概走了两天。晚上我们在草地背靠背坐了一晚上，就过去了。一天才走十几二十里路，走不了多远，草地并不是太远，但是走不动，挽着走，走下去就不想再走第二步了，有的同志牺牲在草地里。大部分同志一个是身体不好，生病，还有一个就是饿得吃不消，没有吃的，要是有吃的，吃得饱，生一点点病没有关系，能坚持，能走，生病再肚子饿就坚持不下来。牺牲的同志都是年龄大的，没有看到妇女牺牲，没有看到小孩牺牲，都是四十多岁、五十多岁的这些年龄大的。为什么，因为他们舍不得吃，刮风的时候还把我们放在中间，他们在周围挡着我们，妇女、小孩在中间，他们都在周围背靠背保护我们。大人保护我们过来的，没有大人保护我们过不了草地，草地里也看不到人烟，也没有人，一片全是草，水汪汪的，也没有干的地方。一片汪洋，都是草疙瘩，一堆一堆的。草堆大一点的，能坐十几个人，小的坐两三个人，在一块背靠背睡觉。有的同志掉到深坑里，一下子就掉下去了，掉下去那个草一盖就找不到了，不知道掉哪儿去了，就死了，死在坑里了，草底下找都找不到了。你也不知道有多深，水塘很深的。

我们吃得也很少，因为还没有进草地以前在少数民族地区，征粮很困难，也征不到，老百姓没有多少粮食。我们人多，征一点粮就装在米袋子里，吃的时候倒一点点出来，不能多吃，多吃完了下面怎么办呢？吃草根，把草嚼出那个汁，把汁咽下去渣子再吐掉；也吃树皮，树外面粗的削掉，树里面能吃的还能咽得下去，脆的，吃着像菜根一样。长征主要是没有粮食，没有到草地以前征粮食征不到，少数民族一个寨子十户八户人家，能有多少粮食呢？征集不到。

我腿是过草地时烂的，一天天在水里面泡，水里面脏，痒了就抠，抠一下破了以后就烂了，腿好的人不多，痒就得抠，抠破了一点点就烂了。

我看到身边牺牲的战士，两三个的，四五个的，都有。没有办法，挖那个土都挖不动了，没有力气。我感觉自己蛮幸运的，没有这些同志的保护我们也过不来，小孩子凭什么过得来，不是大人保护的吗？所以我现在忘不了这些同志，有他们的保护我们才能过草地。草地不打仗的，因为敌人去不了。

我过了三次草地。过草地，三次情况都不一样。头一次还带着干粮，还有一些吃的。第二次就筹集粮食，筹到的就不多了，大家就节省，也省不了多少，总得吃一些。第三次农民那儿征集粮食，那是少数民族地区，征集粮食很困难。我们用大洋银圆买老百姓粮食，老百姓把粮食用袋子装好了存到山里面去，放在大树底下，我们买也买不到，筹粮食很困难。背一点点炒面，吃的时候倒一点点在手里面舔一舔，不是说你想吃多少就吃多少，不行的。领导看着你，你倒多少出来给他看，然后把袋子拴好背上，才能舔，你不能倒出来就舔，不行的。我们人多，吃得也多。过了三次草地，就是过去，过来，再过去。

第三次过，就很困难了，啃树皮，吃草根，草根嚼那个汁，草不能吃，嚼那个汁，一人抓一把，走在前面就拽粗的好的，粗的好的前面拽走了，后面部队就拽那个细的，前面拽那个长的根子吃，后面就困难一些，我记得大概就是这样子。

过了草地以后,陕北红军跟陕南红军——陕北是刘志丹,陕南是徐海东,他们到我们这儿以后,我们四方面军的一共有一百多人,我们腿不是烂了吗,整个到二十五军去休养。休养好了以后四方面军已经走了,离得很远了,又去不了了,我们就到红二十五军了。伤好了,一百多人全都并到红二十五军了,徐海东的部队,这个我还记得。

我到了二十五军背枪还背不动。当司号员我吹号吹不全音,只能吹五个音,吹号要吹七个音,我气管不好。当通信员送信这些不适合。没有办法,最后到陕西军医院当护理员,不是护士。护理员就专门伺候伤病员的,给他们打饭,端尿盆,哪个起不来,出来要活动,就搀着他们到外面走走,活动活动,就干这个工作。

二十五军和陕南红军会师,我们已经过了草地了,在甘肃那边,红一方面军在松潘,我们在一个什么县我记不得了。当时会合以后那个感情简直说不出来,抱在一块就哭,感觉到力量大了,好办了,这下子人多了。像国民党少数部队来,我们就把他消灭了,大部队来也来不了,为什么来不了呢?他吃的要运输,大炮要运输,这些地方都是山区,也没有公路,大炮运不来,多的给养也运不过来,所以国民党就不行,就这么个情况。

爬雪山,上山还比较好,容易,慢慢往上爬,下山比较困难,弄得不好一脚踩空了的话,把前面的人都给冲倒了,有的人就被冲到沟里去了。沟都有几十米深,下去就摔死了,救都没有办法救,下不去。大家绑在一起,用绳子吊下去把人拽上来。

爬雪山,我们有大人管,大人上坡拽着我们,带子拴在大人腰里,我们在后面拽着绳子。过去每个人都有绑带,晚上解下来腿松松蛮好的,不然一直走腿也吃不消。我那个时候的绑带都被大屠杀纪念馆拿走了,草鞋也都被征集走了,我原本打算留下做纪念,他们知道以后说放在我们这里好,南京大屠杀纪念馆,还有延安时我们自己织的毛毯,碎片都拿走了。

我头上负过伤,子弹打的。当初子弹打了还不知道,血就流下来了。这地方怎么有血,一摸头上打了一个洞。那时候条件也差,也没有药,就用草药搅了以后,涂在头上,用一块布包着,这样扎起来就走,就那样子的。我能把自己性命保下来就不错了,子弹再偏一点儿,可能命就没了。当时我就说大难不死必有后福。

我身边就有相识的同志牺牲了。那个时候我小,有的同志早上在一起还说说笑笑,到了晚上就没有了,有的是饿死了。那时候草地没有打仗,国民党也去不了,主要都是饿死的,病死的,大人舍不得吃,给小孩子吃,给妇女同志吃,那个时候是讲阶级友爱的,情愿牺牲自己也要让别人活下去,那时候没有想到个人的问题,都想着别人。

我不大想这些,一想起来晚上睡不着觉。一想到那些同志,他们牺牲了,家里不晓得他们死在哪里,甚至连他们在不在世都不晓得。

长征的时候跟蒋介石的部队,跟四川田颂尧、刘湘、邓锡侯这些部队打仗,蒋介石原来进不了四川,四川军阀也蛮厉害的。为了打红军,蒋介石的部队才到了四川松潘、懋功。

一天有时候打好几仗,有时候打遭遇战,走的时候碰头要打,有的时候敌人追上来也要打,有时候我们发现敌人少,也打他们,不是专门打而是发现他们人少了,我们就把他们消灭,他们人多我们就跑。仗打得太多了,说不上哪个大哪个小。

前面战士打仗我做护理工作,看到伤员流血我心里难受,特别是重伤员，轻伤员还好，有的重伤员的头、膀子、腿、肚子都有伤口，当时就是用纱布把血弄干净以后放点药再贴上。那个时候不像现在，草药多，西药很少，买不到，国民党控制了。

伤员一般都是三四十岁的人，没有五六十岁的人。长征要跑路，要打仗，年龄大了跑不动，也走不动。年龄大了参加红军的，红军动员他们回老家，不要在红军里干，不是不要他们，是战争的需要，五六十岁你跟着跑跑不动，所以三四十岁的人比较多，我们那时候都是小年轻。

那时重伤员都藏到老百姓家里，都不敢公开，伤好了还要给老百姓钱。老百姓把人藏起来，和周围人都不敢讲家里有红军，不敢讲。我也亲自送过重伤员到老百姓家里。打仗的时候担架没有那么多，重伤员怎么带，带不动，一个连队一共十个二十个担架，怎么办？只能藏在老百姓家里，周围老百姓不知道，讲好的，他也不能出去，也不能让外界知道。

贵州我没有去过，在四川的时候，我曾经把伤员送到老百姓家。四川红军地盘比较大，八九个县，四方面军人多，中央红军才五千多人，四川有五六万人，我是三十一军的，还有四军、九军，好几个军。机炮就是重机关枪和小炮，大炮专门有炮兵了，这些我们都直接参与，操作都晓得的，没有参与操作的我们就搞不清楚了。

那时候我们装备比国民党差，因为子弹打一颗就少一颗，自己造不了子弹，所以我们在子弹空壳子里面装上沙子，五颗子弹里面有一颗是真的，另外四个都是假的。看起来是子弹，跟真的一样，实际上都是空的，里面没有弹药了，空壳子。我们自己都背过的，自己骗自己。假的背在身上还蛮重的。

长征的时候我有枪，我们叫马枪，比步枪短。我参加过战斗的，你不打敌人，敌人打你，你不打他，他打你，你不打行吗？经常打。这个打仗不是一个模式，好多模式，一个是敌人追着我们打，一个是我们追着敌人打，两支队伍相碰叫遭遇战。遭遇战，在四川天全、芦山那个地方打得比较厉害，跟一方面军会合的时候打得比较厉害，我们在四川根据地打得不是太多。我们都是在山区，敌人不敢来，来少了我们把他消灭了，来多了还必须要有粮食吃。大炮你要运到山区也运不来，大炮也不能朝上打，只能平打。这些炮在山区就用不上，只能用迫击炮，炮弹打上去再掉下来，我们那时候也有迫击炮。

我从没有想过离开队伍，也不敢，哪个也不敢离开，国民党知道你是红军逮走就枪毙。蒋介石不讲吗，宁可错杀一千也不放过一个。你敢离开部队？不敢。那个时候我们晓得，离开部队不行的，离开部队就是死路一条，国民党知道你是红军那你跑不掉，负了伤也不敢离开部队。没有打过退堂鼓，不敢打退堂鼓，一旦负了伤，我下去了，不行了，国民党知道你是红军的话也不会放过你。

我们那个时候还小，对女同志我们还是蛮尊重的，我觉得女同志比我们还辛苦，她们给伤病员换药，勤杂事情都是我们男同志做的。

女红军给伤员洗衣服、补衣服，鞋子破了弄弄，她们比我们干得多。那时候妇女也有妇女独立团、独立营，女同志也打仗。她们除了打仗以外，主要就是保护医院，保护供给部，就是吃的、穿的、用的，保护这些。前方打仗她们不去，后方还有敌人和土匪搞破坏，这些东西她们都要保护。我没有看到过女同志牺牲，她们都在后方，打仗是打，不太多，不直接冲锋的。

女同志抬担架是四个人抬，男同志是两个人抬。女同志体力跟男同志不一样，不能要求一样的。也有一些女同志蛮能干的，她们也是两个人抬，抬年龄小一点的，身体不太重的，这个我们都是亲自看到过的。我看到过女红军给伤病员做思想工作，让伤病员好好休养，不要着急，这样身体才能慢慢恢复，跟着队伍一道走，不会把他们丢下来的。

那个时候有个说法，二十八岁以上的团级干部才能结婚，我们那时候也没有想这个事情，我们是娃娃兵，我们全国解放以后才谈的恋爱。

徐海东、刘志丹都见过，那个时候见领导容易。平常他们也到部队机关来看——战士能见到。我见领导多是后来在延安，延安高级干部基本上我都见过的，毛泽东、刘少奇、朱德、彭德怀、左权，都见过的。

我有一张和毛主席的合影，是毛主席从西柏坡到北京，在北京西苑机场检阅部队，检阅完了以后有人就说主席，我们照个相好不好，他说好，我们四个人在一起照了一下，我是永远忘不了的，我看到这个相片我也感到自己还是蛮幸运的。

当初我到延安以后，原来是给前方野战政治部的副部长杨奇清当警卫员，那时候一位首长到延安开七大需要警卫。警卫员都要经过锄奸部，现在不叫锄奸部叫保卫部，都要经过保卫部评选。杨奇清说你明天就要警卫员我到哪里给你找，我找警卫员起码要五天，要把人选好，就要确定是不是党员，政治坚定不坚定，有没有思想觉悟。他说我来不及，你把我的警卫带走吧。所以我就跟着从太行山到了延安，到延安开了会，待了很长时间。后来我跟首长爱人提出来现在不打仗了，警卫员也多了，我说我想学放电影，我就到了电影团放电影。全国解放后到了南京，接过电影院、电影公司，我是从电影公司离休的，工资什么都不变，享受了待遇，所以我感到我现在还可以。

经过长征之后，我收获很多。我参加革命的时候年龄小，自己的名字都不会写，解放后在南京初级中学学了三年，现在看书看报还可以，那个时候根本看不懂。农村一个小放牛娃，能在革命队伍里受到锻炼，能懂得革命的道理，能懂得红军是为广大人民群众服务的，懂得这些道理，我觉得这个收获是很大的。我现在活得很幸福，活得很愉快，全家二十多口人。我有三个儿子、两个女儿，他们各自的家庭都是四五口人。

我参加革命我没有后悔，这条路还是走对了，没有走错。

赵建贤

洗脸盆有三大任务
——吃饭、洗脚、烧开水

2016年5月27日于重庆市接受采访
生于1916年，红四方面军战士

我是赵建贤，参加的是红四方面军第三十一军，是一名司号员。我们的连长姓李，叫李什么搞不清楚了。

我参军的时候是在儿童团。我就在县里面开会，开会大家一商量就说红军是为穷人的，那时候我们就决定参加红军。我们一商量，很多人就报名参加了，参加了以后部队就说我小，这个怎么办呢？部队就说大队有分几个支队，那时候就分到连里面的一个司号排，就是这样子的。

我报名报的是十八岁，我母亲来县里面看我的时候，排长就问我母亲我多大，我母亲说我今年才十五岁。但是我报的是十八岁，所以排长后来问我你为什么要报十八岁，我说我怕你们不要我。排长说我小，就把我分配到部队里面的一个司号排，就是这样跟着走了，就这样过来了。

开始走长征路的时候，心里想着就是跟党走，是高兴的。为了革命就不要怕死、不要怕苦、不要怕累，部队的精神还是好的。那时候大家都是一起闹革命，精神还是很好的，很勇敢的。

不论是两路军队走，还是三路军队走，都是一往无前的，哪怕你再饿，还是很精神的。你看我们冲过多道封锁就打到了雅安，九万人提出来要打到成都。后来国民党集中了很多兵力，因为那时候我们没有兵力，子弹也没有了，最后怎么办呢？敌人还是很强，我们就又开始过草地。

那时我人还小，不知道什么东西，就是我记得我的一个伯伯跟我说，你要勇敢一点、坚强一点，跟着红军走，就是这样的情况。但是慢慢地人长大了，在部队里也经常听领导讲话，听他们说革命是怎么样的。西安事变以后通过学习，觉悟什么的慢慢提高了，对革命的认识理解逐步提高了，就明白为什么要革命。参加革命的时候心里面就想红军是为穷人的，红军是穷人的部队，打倒国民党，打倒豪绅地主，人民要解放，穷人都要有饭吃，都要有衣穿，都要有房住。

长征开始的时候是这样子的，我们也不知道要去哪里，跟着四川红四方面军从川北走的，先过嘉陵江。过了江以后，红军撤出四川，准备强渡大渡河前往毛儿盖，就是说要迎接中央红军。

这个时候就说给中央红军准备一些毛衣，准备一些其他的东西，然后就过大渡河。过了大渡河不是说一下子就到了草地，先是到了藏族和其他少数民族聚集的地区，边打仗还要边做工作，后来才慢慢地进入草地。有一个地方叫作阿坝，到了阿坝以后还要走几天才到草地。

过雪山前，指挥员做了大量的动员工作。雪山很高，我们人小。当时领导也没有讲具体，就是说要过雪山，而且说不是一下就过去了，而是要走很久才能到雪山底下，才能从山底下慢慢地往上走。

第七篇 ｜ 长征结束后——而今迈步从头越

我记得是在晚上准备火把，慢慢往沟里面走，然后就走到了雪山底下。往山上一看很高，前面只看到部队慢慢地这么转过去，这么转过来转过去，就这样爬上去。

当时前面走的人把雪都踏化了，雪水就流在后面的人的脚上了，就是这样走。身体不好的就不行了，气温一下子就降下来了，风也很大。过去以后，就不是走路了，就是坐了，就是往山底下坐着滑下去。那时候前面走了很多部队，雪都化光了。

第一座雪山翻过去还要走一天、两天、三天半才到第二座雪山，不是那样简单的。要是写书的话，可以写挺厚的一本，不是一下子说得清楚的。过了第一座雪山以后，还经过了很多大雪山、小雪山，有夹金山，还有党岭山什么的，这些山是最高的，其他的都是小雪山，都是小的。

当时过雪山要做动员工作，大家要勇敢爬山，不要怕。革命不要怕死，艰难困苦是有的，我们肯定是要胜利的，我们要战胜困难。

过雪山的时候，就是那样走，雪都化了。脚上穿的是草鞋，身上穿的是单衣、单裤，就是这么走，就这样去爬山。当时人是很难的，身体都没有什么感觉了。有的身体不好的，他是过不去的，就死了，死了就埋在雪里面。

总的来讲，人还是很团结，也是很勇敢的，还是互相鼓励的。在半山上还是有一些啦啦队的，半山上还是有唱歌的、打鼓的，这样去鼓舞士气，大家一定要过去。人的脚都起了冰裂口了，雪化了必须从雪水里面走，而且是穿着草鞋，晚上洗脚就很疼。脚一洗，脚背都是血口口，就这样流血。

吃也是难题，炒面吃完了就吃野菜。这个里面很多事情说不清楚，野菜弄好了以后就煮好，班长把炒面往里面倒一点。

洗脸盆有三大任务——吃饭、洗脚、烧开水。那时候就是吃野菜什么的，没有野菜了就杀马，把首长的马杀了来吃。马杀了把马肉切好，然后用碗装，一个班有五个人就分给你五碗肉，但是五碗端回去以后要交给班长保管，还不能随便吃。

野菜做好了，就把马肉抓点放在里面和着一起吃，这样比较好吃。一匹马杀了不是吃一天两天，不是一顿就吃完了，还专门叫人保管。我们也不知道具体情况，也没有公开，就是杀马也要交给班长，叫一个监督的人看他弄好才行。

行军走路的时候，一下是水，一下是干地，一下是河。水是污的，不能喝，部队里面班长、排长就强调不能喝，喝了就生病。

当时有些战士得了痢疾，因为没有药，就靠喝水，好一点的情况就是在里面放点盐巴，就是可以消毒，也避免电解质流失严重。有些地方是烂泥，人陷入以后就出不来了。像你踩这个地方，后面的人也要踩这个地方，不要乱踩别的地方，就是这样一步一步地走。

遇到森林就开始睡觉，晚上在草地上打地铺，就在那上面睡，那时候感觉很舒服很好。我的记性不好了，有的东西记不得了。总的来讲是艰苦的，但是大家是团结的，同志之间互相鼓励、互相帮助，你走不动我把你的东西搬起来，你的干粮不够，我的也可以给你吃，互相帮助。为了革命就要不怕苦、不怕死，大家一致听上面的指挥，上面指向哪里就走向哪里。

长征的时候，没有什么可以动摇或者逃跑的，你跑回去国民党把你给抓了还是要杀的。红军撤出川北以后，国民党占领了川北，杀了很多红军家属。你回去也是要杀头，你回去干什么啊？生病、死亡的有，负伤的也有，那时候没有药，伤口就是拿盐水洗，盐水洗了最后就拿布包扎。后来也没有布了，就拿一块树皮给你包起来，就行了。那时候吃的干粮就是藏族的青稞，没有磨的那种，也不好消化。

我们有的穿两条裤子，有的穿三件单衣，但里面是老百姓的衣服，外面是军装，很艰苦。从青海出来以后，突然听说蒋介石被抓了。这个时候一整顿，就说前面有一个地方叫庆阳，说那个地方有国民党的杨虎城部队要欢迎，遇到这个事情怎么办呢？你得准备啊。草鞋都是烂的，帽子也都是烂的，衣服也是不好的。那时候有好几种，前面洋鼓要打起，后面有刺刀的队伍就排整齐，就这样过了一天。第二天不准走城里面，这是命令。那时候我们穿得太不好了，国民党当官的是穿的皮大衣，戴着皮毛，当兵的是穿棉衣、棉裤，咱们是单衣、单裤。但我们的纪律还是很好的，假如说我这个野菜在那个地方没有吃完，还是放在这个地方，有文化的就写一个条子，就说这个菜是干净的。没有烧完的柴火还是统统都摆好，没有吃完的野菜统统也要摆好，后面的部队还是要来吃。

那个时候赶路都是很急的，今天是七十里、八十里，明天还是七十里、八十里，不能有任何拖延。路上我所在的部队不怎么打仗，是前面的部队打。

我听说过刘伯承和彝族的人结拜弟兄，然后部队才过去的，不是那么简单的。长征这个东西你一下子要说清楚，不是那么简单的。河也多，水也不好，人又困难。一下子是风，一下子是雨，雪山又冷。我们说老实话还没有听说过什么棉鞋、棉裤，听都没有听说过。后来到了延安，红军改编成八路军的时候，我们才慢慢地有了棉衣。

那时候听说中央红军四次渡赤水，这是一个。长征一过了大渡河就没怎么打仗了，就是跟少数民族搞好关系，按现在来讲就是统战了，就是要做工作了。要过少数民族人多的地方，不是一下子就可以过去的。后来在成都打了一仗，成都打了撤了以后，中央红军就先到了延安，我们后到了延安，不是一下子都到了延安。

我们那时候红四方面军是一万五千人,到了川北就发展到了八万人。后来我听他们说,红军一方面军和四方面军会师以后再到陕北,不能继续留在川北了,川北已经让张国焘搞得人财两空,人也没有了,都参军了,粮食也没有了,地也没有种的了,你留在川北就不行了。后来就慢慢研究去哪里,这个里面有很多复杂的问题。然后我所在的部队也到了陕北,也是靠延安这边来了。那时候不去陕北就没有地方可去了。军队是这样的,它要找一个好地方,要有兵源,要发展兵源,要有吃的,要有穿的,要找这些好的,一般的地方不行。

这里面还有很多问题,我们长征过来快到陕西三原时,部队又打算拉到甘肃去援助西路军。听说西路军快到甘肃平凉的时候,我们打算出发走了,一下子又说不走了。首长就集中部队讲话,在讲话当中很伤心,没有多说,只说西路军几万人全部牺牲了。

后来我们到了陕西三原,红军就改编为八路军了,之后1937年就开始抗战了。就是这样的一个情况,不是那么一下子就过来的,在路上的时候就很少说往哪里走。一个侦察连的连长叫什么我忘记了,后来提为副军长了,听说毛泽东就让这个连长搞了一个资料回来,一看这个报纸上写陕北有红军,就是这个时候才决定说要去陕北的。做这个决定花了很长时间的,不是一下就定下来的。

一路上,好多我熟悉的战友都牺牲了。我一参军就是儿童团的队长,这个团的好多人现在都没有了,都在外面牺牲了。我那年第一次回老家,好多都不在了,连我叔叔都死在草地里面了。记得过草地的时候,头天进去,第三天就有人告诉我,说你的叔叔没有了,就是已经死了。

第七篇 | 长征结束后——而今迈步从头越

我们红四方面军后来跟红一方面军会合，长征结束后就都改编为八路军了。部队集中时，首长跟我们讲了很多，说为什么红军要改编为八路军，要一起走，要去抗日。然后就把国民党的帽子、烂衣服一个人发一套，衣服穿起来，帽子就是拿在手上。那时候开大会宣布同志们换帽，这个换帽就是把国民党的帽子给戴起来。改编是在1937年，抗战已经开始了。我只是知道我们一二九师在里面，红四方面军是一二九师的前身。当时也不知道哪些人是哪些军的，哪些人是哪些师的。

当时宣传工作是专门由宣传队来做的，连里讲完团里讲。宣传队只是开大会，跟现在开大会一样。平常都有文件，首长给你讲，他边念边讲。宣传队的任务就是鼓舞士气。

我当时在部队里面见过最大的领导，一个是张国焘，一个是徐向前。那时候叫总指挥，总指挥就是张国焘、徐向前。张国焘后来变了，因为他单独搞路线，到延安以后就跑了。

那时候我们人小，就是跟着走，部队到哪里我们就到哪里。我原来吹号，后来就是在军里面当通信员了，1937年改编以后就跟着部队过黄河抗战去了。

回想起来，我的脑袋里面印象最深的就是一路艰苦，没有吃的，就吃草、皮带、野菜。走路的时候，一下子风，一下子雨，一下子水，一下子又是泥坑。到了泥坑的时候，你踩进去以后腿就拔不出来了。穿单衣、单裤，人还那么坚强，还有一些战友因为生病拉肚子在草地里死了，印象最深的就是这些事情。我小的时候是这么走过来的。现在我穿的是皮鞋，我那时候都没有想到我能穿上皮鞋、棉衣，没有想到我能穿大衣，想也没有想过，只是想跟着党走。总的来讲，我的脑袋里面装的东西不少，但是有的记不清楚。红军为什么要过草地？敌强我弱，就是要保存力量，就是这样子的。

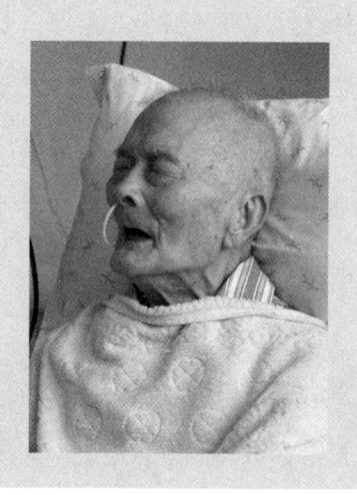

李文模

红军的坚韧、吃苦耐劳是一种强大的精神支柱

2016年6月6日于上海市接受采访
生于1924年,红四方面军战士

我是李文模,四川阆中人。我参加红军的时候比较小,只有十周岁,虚岁十一岁。那时候家里生活很苦,我就找到我们队伍,一直跟着队伍。在参加红军前,我参加了我们乡里的儿童团,我是一个儿童团员。后来参加红军以后,他们就叫我红小鬼。十岁我就跟我们红军参加了二万五千里长征,1936年10月到达陕北会师。

因为我那时候年龄小,大家一直都很照顾我。我经历过飞夺泸定桥。国民党撤退的时候把所有桥梁上的木板一把火全给烧了,只剩下了铁链。那个时候十八勇士要过大渡河,一看这个情况没有办法过去,河水汹涌澎湃,异常猛烈,后来就借了老百姓家里的门板、床板,间距有五六十公分(厘米)宽,勉强地绑上绳子渡河。第一批有过去的,然后是后面的部队。到我的时候,我就死活也不肯走,因为害怕,水流湍急,尤其还是那么高的腾空的一个地方，风又大，整座铁索桥在那儿晃，左右晃，上下晃。带我出来革命的一个区委书记叫陈佳勤，陈书记照顾我，就命令他手下的两个战士把自己裹腿解下来系在我的腰间，左面一个红军大哥哥，右面一个红军大哥哥，把裹腿系在腰间这么拽着我走。没想到走在大渡河的中间的时候，我一脚踏空——因为十岁孩子不高，那时候营养又不良，不像现在——桥间距五六十公分（厘米）宽，一脚踏空人下去了，还好这两个红军战士拎着裹腿，然后拽我的衣领，把我给救上来了。我非常非常感谢这两个红军大哥哥的，没有他们，可能我的命早就没有了。但是因为我年龄小，文化程度也不高，只读过两年私塾，写不了信，然后在部队和两个红军大哥哥也走散了后失去了联系，这个事情对我来讲是一个心结。2005年的时候上海《文汇报》一个记者来采访我，我就讲到这个故事，那个记者就特意去了大渡河，去打听这两位红军的下落，结果肯定是打听不到的。然后那个记者在那个地方以我的名义在桥的两边种了两棵松柏，作为对这两个红军战士对我的救命之恩的一种感激、一种缅怀。

　　1935年的秋天，我们过了夹金山。当时气候相当恶劣，红军条件很差，穿的衣服都非常单薄，有很多人都是赤脚。我曾经有一次摔下悬崖了，因为部队行军打仗，前面有国民党堵截，后面也有国民党的追兵，所以走路的时候非常赶。我因为年龄小，一不留心滑下了一个很大的悬崖，山坡一样的。那时雪下得非常大，我就奋力喊人救命，结果雪把我给覆盖住了。后来是有一个战士发现了有一个雪包在动，然后爬下去十几米才把我救上来的。这种情况在那个时候相当多，有的时候摔下悬崖去，人就没有了。

　　1936年6月，我们又过了松潘草地，这个对我来讲印象是非常深刻的。因为当时大家走这个路也没有什么经验，就往水坑里走，很多的红军战士，站在泥潭上，一下陷下去人就没有了。后来很多战士因为走得太辛苦了，实在太辛苦了，就想在草地的一个土包上坐一会儿，结果一坐就再也起不来了。

因为我当时比较小，印象当中，很多红军大哥哥就一路上一直照顾我。我心里非常感谢的是我的班长，但是他叫什么名字我也不知道。走得实在是太累了，结果班长照顾我，就说你拽住马尾巴走。连队里面唯一的，连长骑了一匹马，我就断断续续地拽着马尾巴就这样走。特别是草地上，很多红军大哥哥因为长期饥饿、生病，体力严重透支，一坐就再也没有起来了，而且很多人都是这样的。草地上一些地方，根本就不知道是泥潭，看上去像水潭似的，一踩上去整个人就陷下去，很多人不知道就去拉他，结果把自己的生命也搭进去了。（这样的事）非常多非常多，对我来讲，是记一辈子的，看到这样的情景，我就特别地难过。然后经过一段时间的奔波，大家有些经验了，就走那种凸起来的鼓包一样的草，往那上面走，然后又挂着拐棍，先去戳戳，比较硬的地方能承载人的重力，然后再走，就是这样跳着走，才能保住自己的生命。当时的情景非常地惨烈，很多很多红军战士，在爬雪山、过草地时，就付出了自己的年轻的生命。我经常会想到长征途中的那些场面，想起在长征过程中牺牲了的战友。我们有太多的战士留在了大草地里面，只有很少的一部分人走出了大草地。

过了三次草地，三过松潘草地。每一次和每一次都不一样，历经的艰辛都不一样。开始过的时候还有粮食，后来就慢慢慢慢都断粮了，所以到最后他们都吃过皮带、鞋底。先是把皮带系在自己的身上，到最后弹尽粮绝连草地的草、树皮都吃光了，什么都没有的情况下，然后再把自己身上的皮带解下来放在火里面烤，烤软了以后再放水里煮，这么每天就吃一小条，大家一个班里要分着吃,来维持自己的生命,相当不容易的。

长征的时候我参与的战斗不是很多,可能因为年纪小,可能组织也有意识地保护我们,那时候打起仗来,我们不在第一线或是战场的最前列。只不过就是力所能及地传达一些口信什么的,然后不脱队,能跟着大部队走。

一方面军、四方面军会师,我们就是非常非常地高兴。因为我们过草地最后一个阶段,粮食全部吃光了,我还吃过皮带、鞋底。等到10月到陕北会师的时候,红四方面军只剩下两万多人。那是一生当中最大的喜悦,像回家,或者说比过年还要开心。那种感情就是,不认识的人都会抱在一起,没有语言和情感能表达的那种激动,对我来讲,也是要铭记一辈子的事。

会师以后,我周岁十一岁、虚岁十二岁,就去补习文化。以前我家里的条件不好,家当卖给人家了,换了五斗粮食,人家让我读了两年私塾。所以,在有一点文化基础的情况下,我在红军大学上了两年的课,补习了一下文化。然后因为成绩比较出众,我就留在中央了。后来一直学习无线电,搞情报。

我学开飞机,是1946年。当时我在延安已经干了十年机要秘书,都在首长身边工作。因为看到了国民党飞机狂轰滥炸,我从小就立志要当一名飞行员。这个想法对我来讲,不是一天两天了,已经有五六年了。后来我跟身边的首长强烈请求去学飞行,领导一开始不放我走,后来看我坚决得不得了,人肯定是要走的,实在是留不住的情况下领导就给我开了一封介绍信。然后我还动员了我身边的几个小伙伴,几个人一起,要穿过很多封锁线,当初都有根据地帮我们穿过封锁线。到了东北以后,1946年就进入航空学校学习,就是东北老航校。

经过三年的学习,我成为第一批飞喷气式飞机的飞行员。学成以后,咱们国家很快开始了抗美援朝，都是我们国家自己培养出来的空军飞行员上天作战。那时候搞飞行的都得是飞过几千小时的，我们只飞行了四十几个小时，就跟他们在空中作战。我曾经还在保卫清川江大桥的时候，打下过一架美国F84飞机。还得过朝鲜民主主义人民共和国的二等勋章。1952年抗美援朝战争结束以后，我们又回到国内来了。1954年5月，当初的空军航空兵十七师，整个师归建了海军航空部队，是第四师。因为我们要建立强大的海军，要走出我们的远海，一定要有我们自己的海军航空兵。我是第一批过来的，我当初的职务已经是副师长了。后来一直到现在离休，一直在海军东海舰队。1955年，我被授予上校军衔，那时应该是在北海舰队当航空兵，在青岛。1960年晋升为大校军衔。我的任命都是毛主席和周总理下达的，那时候是周总理亲自给我下的命令，亲自用毛笔写的，然后我调到南海舰队航空部队做副司令，当时三十五岁。我这一生，陆空海三军都参加过，东海舰队航空兵、南海舰队航空兵都当过，做过领导，也带出了非常多的飞行员，很多要淘汰的飞行员我都带过，有的现在都是战斗英雄了。

红军的坚韧、吃苦耐劳是一种强大的精神支柱，可以说，对我这一生来讲是非常非常受用的。吃过二万五千里长征的苦，今后工作当中遇到的一切艰难险阻，对我来讲，都不是最大的困难。包括飞行的时候，那时候条件是相当相当不好的，都是我带头来。一万五千米的高空战斗机能不能开炮，这在我们航空兵史上还没有先例，是我第一个上去的。试出来以后发现可以跟敌机面对面开炮。因为那时候都没有第一手资料，我们国家甚至是世界上也没有这个先例。要不是有那种不怕牺牲、不怕艰难困苦的精神，可能任何一个人都做不到这一点的。

致敬永远的红军！

郝荣贵

我现在就记得一句
——我们要抗战到底！

2016年7月4日于广东省广州市接受采访
生于1922年，陕北红军战士

我是郝荣贵，陕北绥德人。我小时候家里有父亲、母亲、哥哥、嫂子。

革命初期，我还是一个小孩子，光听说红军怎么怎么样的。那时候把红军说得很吓人，说红军是什么獠牙红发之类的，什么都是红的。我的哥哥原来也是当兵的，在我们陕北当兵。后来他回去了，回去以后娶了嫂子。之后他家里经常来一些新人，那时候他做地下工作，是秘密的，是不让别人知道的。我光知道哥哥家里经常来人，还有的拿着枪，这些是我小时候看到的。我听说他受了共产党的影响，原来他不爱劳动，后来他就开始劳动了，砍柴什么的都是他自己做。

听说他参加了红军的一个打土豪、分田地的运动。我们那个地方有一个镇子，镇子有城墙。那家土豪姓马，叫马什么我忘了。我哥哥参加了那次活动以后，被别人给认出来了。然后他们就写了一封信给村长，说里面有我哥哥，我哥哥叫郝荣忠。村长是地主，就要把他们指认的人都找出来，悄悄地去找。我哥哥在家里，不知道外面已经被包围了。他感觉到还是有点儿不对头，就从炕上跳下来，没有穿鞋。这时候地主家的大儿子和那些人都进去了，进去以后地主的儿子第一个动手，把我哥哥给弄到地下，然后就打。有一个打得不过瘾，也没有工具，正好我们家外面墙上有一个镢头，是砍柴用的，就是一个铁的东西。他一看有那个东西，拿来就打。那东西前面是铁的，他们拿了就打得得心应手了。我哥哥躺在地上，他们把我哥哥的内脏都打破了，打得半死不活。之后他们就用绳子把他捆起来拖到地主家里面，第二天我哥哥就死了。

我哥哥被打死了以后，他们连夜带了十来个人过来，把我哥哥的头用铡刀铡下来拿走了。我母亲知道以后，说儿子死了，就一直哭，所以别人都没有到她跟前去。他们把哥哥的头挂在城墙上，说共产党的下场就是这样子的。第二天晚上，我父亲偷着去把头拿回来埋了。后来被地主知道了，地主就说我父亲也是共产党，就把他也活活地给打死了，也把他的头弄下来了。我们家里很穷，也买不起棺材，就用破席子卷起来把父亲埋了，埋到一个旧的窑洞里面。

我母亲一看这个情况，我们穷，又没有吃的，也没有穿的，她看我那时候也很小，就说长大了以后连个媳妇也娶不到怎么办。后来我的母亲就嫁人了，嫁人以后弄了点钱，说等着我长大了给我娶媳妇。她叫我过去，我不去。她就拖着我去住了一晚，第二天我就跑回我们的村子。地下组织知道我们家的情况以后，就来了人把我带走了，送到陕北刘志丹下面的红军游击队去了。我那时候才十二岁，很小，本来不够当兵的年龄，但还是把我送到了那里。

到了那里以后我就当了红军，我很高兴。后来我们不愿意待在游击队，愿意到大部队里去，领导就让我们一批一批地参加红军，一批一批地往大部队送。我们去的地方叫瓦窑堡，那时有红军的补充师，我们就是被送到了补充师。

师部大概要成立一个通信排，师长亲自下到补充师部队里来挑通信员，就把我挑上了，他说这个小孩可以。我小时候个子比一般的小孩要高，所以我虽然才十二岁，但看起来像十三四岁。师部开始时在瓦窑堡，后来搬到了安定县。安定县师长住的地方叫党办，就在窑洞的上面。

我当了通信员，会师的时候我亲自跟部队去的。去了以后大家就在鼓掌，小孩就跟着大人一块儿唱歌。我是补充师的通信员，红军会师的时候是在陕北的会宁，我就是去的那里。从南方到北方来的兵，身上什么衣服也没有，天也那么冷。他们是10月到的，10月的陕北是很冷的，他们就穿的单裤子、穿的草鞋，所以说那时候很困难，冻坏了很多人。腿冻坏的后来就锯掉了，有的人把耳朵也冻掉了。

当时我会唱的歌很多，现在都忘了，只记得那么一两首。有一首歌是三个方面军会合的时候，就是长征到了陕北会合时候的歌。我们是一方面军，先到的陕北，二、四方面军是后来到的。这首歌叫《庆祝红军大会合》，我现在还记得。

我到蟠龙时病了，被送到医院治病，临走的时候我们的师长还给了我一个灰毯子，他说你病好了以后到瓦窑堡找我，我把你送到文工团去。后来我的病好了，在医院里碰上我家乡的一个亲戚，是我的一个远房表叔，他在那儿当支部书记。医院就让我留下来当看护员，我就留在医院里。

我到了医院以后，慢慢地身体就养好了，身体不好的多数在医院里也好不了。那时候缺医少药，我们自己也没有工厂，有点药也是打仗从敌人那里得来的，而且病人没有衣服穿，很困难。

我们的部队和老百姓一样，也是没有吃的，就煮黑豆吃。衣服也没有，像现在有发军装，是由工厂做的，那时候什么也没有。打土豪的时候，能得点东西，然后自己穿上，所以穿什么衣服的都有，红的、绿的、花的都有，穿的都是单裤子。

医院里面比较讲卫生，要打扫卫生，天不亮我就起来打扫卫生。扫完院子，扫外面。那时候没有灯没有油，不像现在有电灯，我就摸着黑给病人洗脸。伺候重病号都是早上一起来先给病人烧点热水，用一个盆子给他们洗脸，一个一个地洗。重病号自己也不能动，就是看护员给他洗，洗完以后我又去打扫卫生。打扫完卫生回来天也亮了，病人们就说旁边的那个人，前半夜还听到他的声音，后半夜就听不到了。我一看，那个人已经死了，早就死了。我洗脸的时候就是给一个死人洗的脸，但我也不害怕。

在陕北时住窑洞，那时候那么困难，也没有什么好窑洞，老鼠也很多。当时有很多闲言闲语，说你在部队吃得好穿得好。我就不爱听那个，以后就是伺候重病号我也不怕。有得斑疹伤寒的人，到快死的时候，苍蝇爬在身上赶也赶不走。也没有药，就是凭着你自己的身体来扛。身体如果好，慢慢休息就好了；如果身体不好，也没有药吃，也没有针打，病了以后就送到医院躺着休息。还有回归热，也是一种伤寒病。伤寒病都是虱子传染的，我们身上都是虱子，有很多的虱子，成堆，但缺医少药没有办法。

会师的时候我看到了李先念、张国焘、陈昌浩这些人，但是那时候不知道是他们，因为我那时候是一个小孩子，也不懂得。

红一方面军是在3月整编的，整编以后就把红军变成一个军。那时候陕北红军有一两万人，编成了一个军，刘志丹当军长。1936年东渡黄河，刘志丹牺牲在山西。刘志丹牺牲后，他的夫人被安置到西北的一个地方，后来我去拜访了一下，还在她那里吃了一顿饭，然后照了相，那个相片我现在还保存着。

后来我们住在延安。有一天我们在延安的农村打扫卫生的时候，从马路上过来一个人，他背着一个包袱说："报告大家一个好消息，说是我们把蒋介石给抓起来了。"那就是西安事变。蒋介石去到了西安，张学良、杨虎城也都在西安。他到了西安以后，督促这些人打红军。这些人发动兵变就把蒋介石给抓起来了。我们说这下好了，抓起来一定要杀他。后来又听说西安事变和平解决了，蒋介石给放回去了，坐飞机又回南京了。开始的时候，红军就说打到南京去活捉蒋介石，结果抓住又放了，我们不理解。后来我们听说党中央为了国家，为了民族的利益，怕如果把蒋介石杀了，以后就更乱了。

我见到毛主席是在延安。他有时候到外面散步，碰到了老百姓的小孩他还招呼他们，还问他们你多大了，还教他们写字，陕北连个学校也没有。在延安的时候，我在旁边看，看到了毛主席跟老百姓很好，跟老农民讲话很平易近人。

"卢沟桥事变"是1937年的时候发生的。那以后，1938年，在延安开大会，我们坐在台下，毛主席在上面讲话。他说的是湖南话，我们陕北人也听不懂，就听懂一句：我们要抗战到底！这是毛主席讲的。

万曼琳

牲口吃的草，人都拔起来吃一吃……
我看见他们拔什么草，我也拔什么草，就这样吃

2016年7月7日于陕西省西安市接受采访
生于1911年，红四方面军战士

我是万曼琳，七岁就参加红军了，参加的是红四方面军。

七岁那年，因为家里面什么人也没有了，妈妈死了，哥哥背着我参加了红军。后来哥哥打仗牺牲了，我成为红军战士，我哥哥的连队里面那些战士照顾我，我走不动，他们背着我走，就和现在的孩子骑在爸爸的背上一样。我虽然年纪小，但觉得战士背我很辛苦，我就要求下来走一走。战士就说来来小鬼，就又背上了，就是这样一段一段地走。

那时候战士都很好，互相团结，互相有爱心，特别好。

马走的时候，我就要拽着马尾巴走，后面有人扶着我。有人驮着我，我也拽着马尾巴，就这样过雪山、草地。草地里最苦了，喝水就是喝深坑里的水，人站住趴下就喝，就是那样的。

有些战士牺牲的时候，坐成一排一排的，眼睛都是绯红的，就这样牺牲了。我那时候虽然年龄小，但是看见他们哭，我自己心里很难过，然后流泪。像我这么大的小孩，也有牺牲的，记不住了，名字一个都记不起来了。但是我自己知道红军战士对我很好，他们都很喜欢我。那时候他们唱歌，我就跟着他们唱歌。

爬雪山的时候前面有马走，我就两手拽着马尾巴走，后面红军战士跟着，在后面扶着我过去的，这是过雪山。下雪山的时候往那儿一坐，就从雪山上面滚下去。那时候我人也还小，也觉得好玩，就坐在那儿往下滚，结果一下子就摔下去了。现在想起来那些战士好得很，对我可好了，前面有挡着我的，后面还有把我拽住的，我的命真是全靠当时的那些红军护着。

过草地才可怜，到处都是水地，都是一丛一丛的草。有的战士往那个草上面一踏，身子重，一下子就下去了，人都没有了，就看不见人，就完了。我身子轻，又小，过不去，一个战士拉着我才过去的。看到红军战士牺牲，我就哭。怕我是不怕的，我就是哭，我就是舍不得他们，都背过我。一路背着我的那些战士，都记不住名字了。但是我想着那些人对我太好了，没有那些红军战士就没有今天的我，我那时候才七岁。

战士那时候没有吃的了，就把自己的皮带都放到锅里面煮。我也有一条小皮带，我看人家放了，我也往里面放。结果战士说小鬼你不能放，你的不能放，你的衣服要拴起来。我说我不要，我不要。他们煮皮带吃，这是真的事情。我虽然那时候年龄小，但是这些事情都记着。

吃草、草根，只要牲口吃的草，人都拔起来吃一吃，我看见他们拔什么草，我也拔什么草，就这样吃。但是战士就说小鬼不能吃，一把就从我的手里面把草拿走扔掉了，很保护我，战士们对我很好，红军战士确实好。那时候没有办法，只好这样，走过来就是胜利。

长征的时候，当时说是当勤务兵，实际上是人家照顾着我，是总部照顾我，吃的是一样的饭。我那时候全靠年长的红军照顾我，不然真是过不来。

甘孜会师和会宁会师的时候，我小，他们把我抛得很高，一下子就把我抱起来抛得高高的。下面都有人，一下子就把我抬住了，然后又把我抛得很高，就是那样。我还看到贺龙了，那些领导对我都很好。当时又是在总部，他们吃饭什么的都让我到跟前跟他们一块吃。到延安后，我就考了剧团，是人民抗日剧团，就在那个剧团里面了。

我年龄小，他们可喜欢我了。中央的那些人，红军总部的那些人，我常在他们旁边玩。就像在延安，我都入学了，在女大学习，还常到他们跟前转。朱总司令、康克清还有贺龙的夫人，都是一些领导，他们都对我很好，都很喜欢我。在女大的时候，我经常到王家坪去，他们就说小鬼不要走，在这儿吃饭，就这样在那儿混着吃饭了。

我看到过毛主席、朱总司令、周恩来，他们都是在那儿工作，很忙，我就爬到他们的桌子上看，他们就说小鬼你到那边去玩，我也就走了。我很听话，人就走开了，因为他们在桌子上写字，我也不认识字。

他们还教我识字，教我学一、二、三、四、五。他们把铅笔削得好好的，让我拿着，手把着手教我写字，挺好的，就是先学写字。他们说你把这背会，背会以后，就说你背来听听，我就给他们背。那些领导都很好，确确实实是这样的，那时候我觉得我很幸福。

我也常到他们办公室去，去的时候，他们有什么吃的就拿出来给我吃，就坐在那儿问这个问那个。他们就问我你冷不冷，你穿的什么，把我的衣服拿过来看一下，就在我头上这么摸一摸，我都记得，我觉得很幸福。虽然过去那么艰苦，但是我觉得很幸福。

现在我也觉得幸福，我儿女都挺好的，对我都很不错。我有五个孩子，三个儿子、两个女儿，孩子们对我都很好，我的家是一个大家庭。跟孩子交流，长征的事情都不用讲，他们看书都看了，都不用我讲。

现在有些孩子不太听话，有些家庭把孩子惯得太厉害。不能惯，小孩子一定不能惯。

我希望孩子要学习好，不管在哪一行工作，组织上分配他干什么就干什么。我希望孩子听话，好好学习，这是我最希望的。我希望他们，将来好接班。不然的话，咱们的国家怎么办？

秦师

长征的生活是比较苦的,那时候很多地方没有人,没有人也照常行军,碰到敌人的时候也照常打

2016年6月1日于山东省淄博市接受采访
生于1919年,红四方面军战士

我叫秦国山,原来叫秦师。

我那时候问红军,我要当兵,你们要不要,人家让我到连部去说。连部了解了,第二天给我发衣服,然后我就去当兵了。我当时放马放了两年多。

长征的生活是比较苦的。那时候很多地方没有人,没有人也照常行军,碰到敌人的时候也照常打。我当时在后勤,不在前面。前面打出一条路,后面跟上。跟上去了以后,牛羊的皮子把它捡回来拿火烤一烤,然后就打火点着,就这样吃,身体不好的就死了,身体好的就跟着走了。

翻夹金山时,雪很高。上山有雪,下山也有雪。山上是没有人的。我们那会儿的衣服都是破破烂烂的,老百姓生活也比较苦,并且还在偏远的地方。没有粮食,就一直走,碰到有人的地方才可以吃点东西。藏区的人胡子、头发都很长。

第二次过草地返回打四川，走边界。在边界上的时候没有吃的，有人身体也不好。吃的都是树皮、草根，吃得胃就不行了，那时候身体是关键。到打成都时敌人把我们部队打了，我们就走边界，边界上有土。我们碰到水也走，碰到火也是走，碰到大山也上了。山很高，山上有雪，但是没有人的，就山下有人。穿的不在乎，因为没有衣服。到了延安以后才发衣服、发棉衣之类的。都是挣的钱买的棉花做的衣服。刚开始的时候是没有棉花的，棉衣里面都是旧衣服，都是自己做的，拿夹子把两边撑开，然后把旧衣服放进去。

我到过甘肃、山西，后来到了延安。西安事变以后，因为王浩坤（音）的老婆生了孩子，他叫我带着他老婆他们坐汽车到延安。到了那儿以后，王浩坤的老婆和孩子没有房子住，就住在庙里。庙里有几间，前面是小房子，后面是一间大房子，里头有三间房是平房，还有一棵槐树。我当通信员，当通信员就写书信，在延安城送信。

后来我又当了警卫员，再后来是政治部主任，干了三年以后上了一年学，回来以后又干了一年。之后我就到了三八五旅了。收割、种地，4月去的，8月就回来了。回来以后就当副排长了，一干两年。之后又提了干部，连排是干部，我们有八十多人，林彪带着。后来又当了排长，当了排长以后当了营长。之后抗美援朝的时候去了四年，回来继续干了两年，我被提升为上校，一直到现在。

现在省里面照顾我，他们对我的身体是很照顾的。

附录
永远记住他们的名字

除了前述能顺利接受采访的老红军外，还有一些老红军因为身体原因，口述的内容较少，甚至说不出一句完整的话，但是我们永远记得他们的名字：王定国、马忆湘、罗长生、朱万陵、王全英、赵桂英、王少连、黄海云、安树德、王贵德、王云清、钟发镇、李清德、王凤文。

我们相信，在他们的脑海深处，关于长征的记忆从未离去，依旧滚烫发热，依旧光彩夺目，依旧让他们难以释怀……

我们永远不会忘记他们为革命事业、为民族独立、为国家建设所做出的杰出贡献，我们永远不会忘记他们在长征路上舍生忘死、奋勇前行。他们的革命精神将永远绽放光芒，他们的长征精神将永远激励一代又一代后来人。

王定国

红四方面军宣传员,生于 1913 年,谢觉哉夫人。参观过国家博物馆及"复兴之路"展览,出席了央视纪录片《长征》的开机仪式,签名"长征精神"。

马忆湘

红二军团卫生员,生于 1923 年。著有自传体小说《朝阳花》。

童养媳,十二岁参加红军。

长征中爬雪山过草地,历尽千辛万苦到达延安。

参加了红二、六军团整编及与陕北红军的会师,参加了红一、二、四方面军的大会师。

罗长生

红三军九师战士,生于 1918 年,江西省赣州市于都县小溪乡高石村人。

十二岁参加中国工农红军独立营,后成为红三军九师战士。

1933 年 10 月,成为瑞金九堡的红军第一步兵学校学员。半年后,分配到瑞金上田兵工厂手雷车间。

1934 年 10 月,上田兵工厂解散,返乡参加红军独立团。

1935 年春,参加牛岭战斗,在向信丰突围的行动中被打散,之后回家务农。

朱万陵

红三军团战士,生于 1919 年 8 月 29 日,江西省赣州市兴国县方太乡百丈村摇前组人。

1934 年参加少先队,后来转入兴国模范师(红三军团第六师),曾经到过江西的莲塘、吉安、赣州、瑞金,福建的沙县,云南,贵州等。

在准备渡乌江时生病,后与部队失散并回家养病。

王全英

红四方面军战士,生于 1921 年,四川省阿坝藏族羌族自治州金川县安宁镇人。

1935 年,加入红四方面军。

1936 年 3 月初,因激烈的战斗在丹巴与大部队失散,后为寻找部队翻越两座雪山,一根脚趾被冻坏。

1936 年 5 月,来到汶川县三江镇寻找部队,隐姓埋名在村里生活,现居都江堰市。

赵桂英

红四方面军战士,生于 1916 年,四川省广元市苍溪县人。

1934 年,加入红四方面军,被分配到红四方面军三十一军供给部,后经历了长征。

1958 年,随丈夫工作调动来到了四川省内江市,至今生活在内江。

王少连

红四方面军战士,生于 1919 年,四川省巴中市巴州区人。

1933 年,随父母、哥哥一同参加红四方面军。哥哥在长征的战斗中牺牲,本人后因负伤和母亲辗转回到家乡。

黄海云

红四方面军战士,生于 1917 年。

长征中经历了爬雪山、过草地。

安树德

红一方面军电台侦听员,生于 1923 年。

红军东征时在山西参加红军,曾和一方面军去迎接二、四方面军。

在延安和朱德打过篮球。

王贵德

红一方面军团政委，生于 1914 年。

王云清

红四方面军青年科长，生于 1915 年。

钟发镇

红一方面军电报员，生于 1919 年。

李清德

红四方面军战士,生于 1912 年。

王凤文

红四方面军战士,生于 1916 年。